RECORDAR OBSERVAR Y REGOCIJARSE

Una guía de las festividades, días feriados, días conmemorativos y eventos judíos.

Petra van der Zande

ISBN 978 965 7542-53-8

Mapas y fotos: Petra van der Zande; a menos que se indique, fueron todos tomados de Internet (dominio público)
Diseño gráfico: Petra van Der Zande
Edición: Laura Garcia
Referencias de las escrituras tomadas de: Reina Valera Actualizada (RVA - 2015)

Esta publication fue possible con la amable ayuda de Rita Adams,
Casa Israel. Página web: www. casaisrael.com

Publicado por: TsurTsina Publications, Jerusalén, Israel.

Página web: www.lulu.com

Resumen:
Guía de referencia sobre cuándo, por qué y cómo las festividades, los días de celebración y los eventos judíos fueron celebrados en los tiempos antiguos y en la actualidad en Israel.

"Ésta es la historia de un pueblo que se esparció por todo el mundo
y aun así se mantuvo como una familia unida, una nación que una y otra vez
fue condenada a la destrucción y aun así se levantó de las ruinas, surgió nuevamente a la vida."
Abba Kovner

**Abba Kovner
(1918 - 1987)**
fue un poeta hebreo lituano, escritor y líder partidista. Él se convirtió en uno de los grandes poetas del Israel moderno.

"Alégrense, naciones, con su pueblo.
Y otra vez: Alaben al Señor, todas las
naciones; y ensálcenle, pueblos todos"
Romanos 15:10 (RVA)

INTRODUCCIÓN

RECORDAR sus obras maravillosas, Salmos 105:5
OBSERVAR sus leyes, Salmos 105:45
REGOCIJARSE en su salvación, Salmos 13:5

Existen varios libros en el mercado sobre el significado y la importancia espiritual de las Festividades Bíblicas y las lecciones que los cristianos pueden aprender de ellas.

Ésta publicación es una guía simple de los Festivales, Feriados, Celebraciones y Eventos Judíos que un visitante a Israel puede experimentar. Explica el por qué, cuándo y cómo estos eventos eran observados en los tiempos antiguos y cómo se realizan en la actualidad en Israel.
Habiendo regresado a Eretz Israel desde todos los rincones de la tierra, muchas comunidades continuaron celebrando los eventos de una manera propia y particular. Para simplificar, he elegido describir principalmente las costumbres de la comunidad Asquenazi. Las palabras hebreas estarán escritas en cursiva, incluyendo la palabra Torá. En el glosario de términos podrá encontrar una breve definición de las palabras que están marcadas con un asterisco (*).

Varios de los temas tratados en este libro han sido publicados como artículos separados en 'A Word From Jerusalem' (Una Palabra desde Jerusalén), la revista de la Embajada Internacional Cristiana de Jerusalén. Un libro auto-publicado anteriormente, llamado 'Una Guía Cristiana del Festival Judío de Sucot', da mayor información sobre el 'qué' y 'cómo' de la Fiesta de los Tabernáculos y de las Cuatro Especies en particular.

Simcha significa 'dicha' o 'regocijo'. El mandamiento de regocijarse, un elemento básico en la vida religiosa judía, se puede encontrar en varios versículos bíblicos; por ejemplo, Deuteronomio 16:14-15 dice: "te regocijaras en tu fiesta... Y estarás muy alegre". Encontramos también "mi corazón se regocijará en tu salvación" (Salmos 13:5) y "Sirvan al SEÑOR con alegría; vengan ante su presencia con regocijo" (Salmos 100:2).

El mandamiento de regocijarse (Simcha shel mitzvah) acompañó a los judíos a través de la historia. Ellos estaban (y aún están) felices de disfrutar cada evento del ciclo de vida judío - desde la circuncisión hasta el bar mitzvah y el matrimonio. Y sobre todo, hay una continua dicha en la celebración de los festivales de peregrinación y el Shabat.

En 1989, mi esposo Wim (William) y yo vinimos a Jerusalén como voluntarios de la Embajada Internacional Cristiana de Jerusalén. En los 28 años que hemos vivido aquí, hemos celebrado y disfrutado de muchas de las festividades y eventos que se describen en este libro.

Como una persona no judía que ama Israel y su pueblo, es maravilloso celebrar las Festividades Bíblicas. Sigo considerando un privilegio el poder formar parte de sus festividades, celebraciones, eventos y conmemoraciones. Especialmente al asistir a ceremonias como el juramento de los soldados de las Fuerzas de Defensa de Israel, uno experimenta que el Pueblo de Israel es en realidad una gran familia - la niña de los ojos de Dios.

Espero que este libro le ayude a apreciar más las Festividades Bíblicas, las Festividades Judías y los Eventos. Aprender más sobre la cultura del pueblo judío le permitirá (de alguna forma) tener un amor más profundo por la Palabra de Dios.

Petra van der Zande, Jerusalén, Israel, 2017

CONTENIDO

CONTENIDO

CONTENIDO

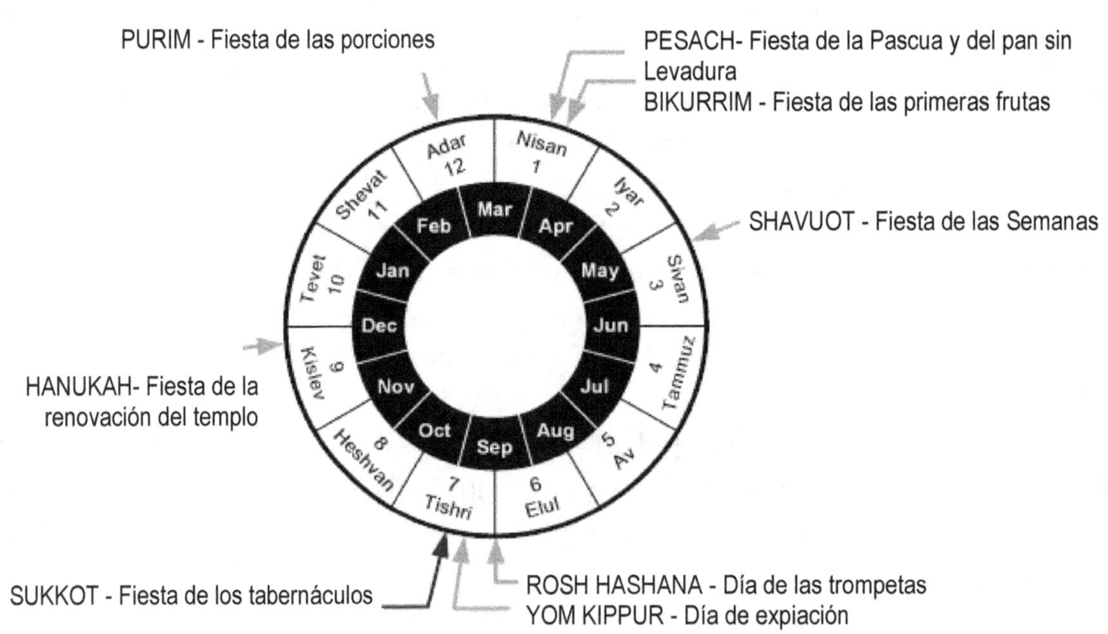

Año religioso judío: se inicia el 1er día del 1er mes (Nisan) - *Pesach*

Año civil judío: se inicia el 1er día del 7º mes, con el Año Nuevo Judío (Tishri) - *Rosh Hashana*

ASQUENAZIS Y SEFARDITAS
¿CUÁL ES LA DIFERENCIA?

La diferencia entre los Asquenazis y los Sefarditas se encuentra principalmente en sus rituales de oración. Las costumbres de oración sefardíes datan de la época de los judíos de Babilonia, mientras que los rituales de los Asquenazi datan de la época de los judíos de Eretz Israel.

Los libros de oración se ordenan de manera distinta y hay diferentes cantilenas para leer el Pentateuco.

Cada comunidad tiene tradiciones y costumbres únicas en relación a las bodas, circuncisión, entierros y festividades. Por ejemplo, durante la Pascua los Sefarditas comen arroz, una comida que es prohibida para los Asquenazi.

En Israel, ambas comunidades han convivido por siglos. Durante el período del Mandato Británico, el rabinato central fue establecido con un rabino principal Sefardita y otro Asquenazi. Esta tradición continúa aún en la actualidad.

Yona Metzger (Asquenazi) y
Shlomo Amar (Sefarditas)

CAPÍTULO 1
EL CALENDARIO JUDÍO

Israel tiene dos calendarios - el calendario Occidental (Gregoriano) y el calendario religioso (Lunar). Los feriados judíos siguen el calendario Lunar, por lo que las fechas en el calendario Occidental varían año a año. Debido a que el día judío empieza con la puesta de sol, las celebraciones empiezan en la noche y no en la mañana.

Aunque el año es solar, el calendario judío tiene meses lunares, cada uno con 29 o 30 días. Algunos estudiosos creen que los meses lunares se derivan de antiguos calendarios nómadas mientras que los años solares son invención de las sociedades basadas en la agricultura. El calendario judío combina ambos.

Todas las Festividades Bíblicas (Pesach, Shavuot y Sucot) se inician con la luna llena, a mitad de mes. Debido a que los doce meses lunares no completan un año solar, se agregan 'meses adicionales' en siete de los diecinueve años del ciclo.

El mes de treinta días se conoce como *maleh* (completo) y el mes de veintinueve días se llama *chaser* (incompleto).

Calendario Gregoriano - año solar
Aproximadamente 365 1/4 días
Cada 4 años se agrega un día adicional (29 de febrero)

Calendario Judío - año lunar
354 días (= 11 1/4 días menos)
Cada 2 o 3 años se agrega un mes adicional (2do Adar)

CAPÍTULO 2

> *"Acuérdate del día sábado para santificarlo. Seis días trabajarás y harás toda tu obra, pero el séptimo día será sábado para el SEÑOR tu Dios... Porque en seis días el SEÑOR hizo los cielos, la tierra y el mar, y todo lo que hay en ellos, y reposó en el séptimo día. Por eso EL SEÑOR bendijo el día sábado y lo santificó." Éxodo 20:8-11 (RVA)*

SHABAT - SABBATH

Shabat (en *Yiddish*: **Shabbes**) es el séptimo día de la semana judía - un día de descanso. Después de seis días de creación, Dios santificó el *Shabat*.

La palabra viene del hebreo, *shavat* (descansar, dejar de trabajar). Es un día sagrado (Génesis 2:1-3) y fue mandado por primera vez después del Éxodo de Egipto (Éxodo 16:26), siendo el cuarto de los diez mandamientos (Éxodo 20:8-11).

En la antigüedad, no respetar el *Shabat* era algo castigado con lapidación. Solo en caso de *pikuach nefesh* - cuando una vida humana está en peligro, el *Shabat* se puede (en incluso se debe) interrumpir. Cuando una persona adhiere a las Leyes del *Shabat*, se le llama *shomer Shabat*.

El *Shabat* tiene tres propósitos:

- Recordar - *yizkor* - la redención de la esclavitud de los egipcios
- Conmemorar - *shamor* - la creación del universo de Dios
- Es un preludio a los tiempos mesiánicos

Un *Shabat* típico comienza en la tarde del viernes, entre las dos y las tres de la tarde, cuando los judíos que lo observan salen del trabajo o cierran sus comercios y se dirigen a casa. Todo se prepara como si una reina o un invitado muy especial fuesen a llegar. Se limpia la casa, todos los miembros de la familia se duchan y usan ropas de festividad. Se sirve la mesa con vajillas hermosas y se cocina una comida festiva.

A más tardar, dieciocho minutos antes del atardecer la mujer de la casa hace una bendición sobre dos velas de *Shabat*:
"Bendito seas tú, Señor, nuestro Dios, soberano del universo, quien nos ha santificado con sus mandamientos y nos ha encomendado iluminar las luces del Shabat. Amén."

Las dos velas representan los mandamientos de *zechor* (recordar) y *shemor* (mantener) el *Shabat* santificado.

Los hombres caminan hasta la sinagoga más cercana, donde asisten un servicio breve (45 minutos). Los servicios del *Shabat* comienzan el viernes por la noche con la *Minchá** del día, seguida por *el Kabalat Shabat* (literalmente recibir el *Shabat*) y el canto del *Yedid Nefesh*. Las oraciones del *Kabalat Shabat* están compuestas de seis Salmos: 95-99 y 29, representando los seis días de la semana.

El poema *Lejá Dodí* ('ven mi amado') es una petición de un misterioso 'amado', que puede simbolizar a Dios o un(os) amigo(s) de la persona, para que se unan en el *likrat kallah* (saludar a la novia [*Shabat*]). Durante el canto del último verso, toda la congregación se pone de pie y mira hacia la puerta abierta, saludando a la Reina *Shabat* que llega. El servicio culmina al recitar los Salmos 92 y 93.

Lejá Dodí, una canción litúrgica, es parte del servicio Kabalat Shabat del viernes por la tarde. Lejá Dodí significa 'ven mi amado' y es una petición a un misterioso 'amado', el cual puede significar Dios o un amigo de la persona, para que se una en la bienvenida al Shabat. El likrat kala (saludo a la novia [Shabat]).

Lejá Dodí

Ven, mi adorado, a saludar a la novia,
Vamos a darle la bienvenida al Shabat
'Observar' y 'Recordar' en una sola
palabra;
nuestro incomparable Dios nos hizo
escuchar.
Adonay es Uno y el nombre de Dios es
Uno,
famoso, glorioso, venerable.
Vamos a salir y saludar al Shabat,
porque es la fuente de bendición.
Honrado desde el principio, desde tiempos
antiguos,
el fin de la creación, pero en pensamiento
el inicio.
¡Despierta! ¡Despierta!
¡Porque tu lugar ha llegado, levántate y
anímate!
¡Despierta! ¡Despierta! Y canta esta can-
ción:
¡La gloria de Dios se ha revelado!
Bienvenida la paz, coronando nuestro
dominio,
también en dicha y alegría,
en medio de los fieles, la gente santa.
Entra, Novia. Entra, Novia.

Durante el canto del último verso, toda la congregación se pone de pie y mira hacia la puerta abierta para saludar a la 'Reina Shabat' mientras ella llega.

Fue compuesta en el siglo XVI por el rabino Shlomo Halevi Alkabetz, un cabalista de Safed.

Antes de comenzar la comida, los padres bendicen a sus hijos. El padre o la madre coloca sus manos de manera suave en la cabeza del niño y lo bendice diciendo:

"Que Dios te haga como Efraín y Menashé."
A una niña se la bendice diciendo:
"Que Dios te haga como Sara, Rebeca, Raquel y Lea."
Todos juntos, los niños son bendecidos diciendo: *"Que el señor los bendiga y los cuide. Que Dios brille su rostro hacia ustedes y les muestre su gracia. Que Dios tenga su disposición favorable hacia ustedes y que les provea paz."*

La madre es bendecida con Proverbios 31.

Luego, el anfitrión toma una copa de vino y recita el *Kidush* - una oración sobre el vino, santificando el *Shabat*: *"Bendito seas tú, Señor, nuestro Dios soberano del universo, quien creó la fruta de la vid. Amén."*

Los panes *jalot* (el plural en hebreo de *jalá*) son panes con forma de trenza, consumidos tradicionalmente en el *Shabat*. Usualmente hay dos *jalot*, porque el viernes Dios les dio a los israelíes errantes el doble de la porción de *maná*, para que de esa manera ellos pudiesen descansar en el *Shabat*. A menudo los *jalot* son trenzados para simbolizar los doce tipos de panes en el Templo (uno por cada tribu) y la unidad de Israel.

La mesa del comedor simboliza el altar del Templo. Las ofrendas eran saladas antes de comerlas y es por esta razón que el pan es espolvoreado con sal.

La bendición del pan es de la siguiente manera: *"Bendito seas tú SEÑOR, nuestro Dios, Rey del Universo, quien nos brinda el pan desde la tierra"*. Cada persona en la mesa recibe un pedazo de pan y lo comen todos juntos.

Parte del *Oneg* (gozo) del *Shabat* son las tres comidas festivas (*shalosh se'udot*). La primera es comida el viernes por la noche, la segunda es el almuerzo del *Shabat* y la tercera es una comida ligera, usualmente un lácteo, consumida en la tarde del *Shabat*.

Después de la cena festiva del viernes de noche, se recita el *birkat ha-mazon* (gracia después de las comidas). En las casas que observan

el *Shabat*, los hombres estudian y hablan sobre la *Torá* antes de ir a dormir.

Los servicios matutinos del *Shabat* son dados desde las nueve de la mañana hasta el mediodía.

Durante el servicio de la mañana, el pergamino de la *Torá* se saca del Arca* y se lee la porción semanal, seguida de la *haftará**. Algunas comunidades recitan oraciones por el gobierno del país, por la paz y por el estado de Israel.

Antes de regresar el pergamino de la *Torá* al Arca, se pasea el mismo por toda la sinagoga. La gente lo toca o lo besa a medida que lo van pasando entre los asistentes. En muchas comunidades ortodoxas, el rabino (o un miembro estudioso de la congregación) da un sermón, usualmente relacionado con el tópico de la lectura de la *Torá*.

En las familias ortodoxas, la segunda comida a menudo se trata de un estofado cocinado a fuego lento - *cholent*. Los judíos sefardíes le llaman *chamim*. Esto es seguido por más estudio de la *Torá*. En la tarde, muchas familias vestidas con sus ropas finas de *Shabat* salen a caminar, leen o duermen una siesta.

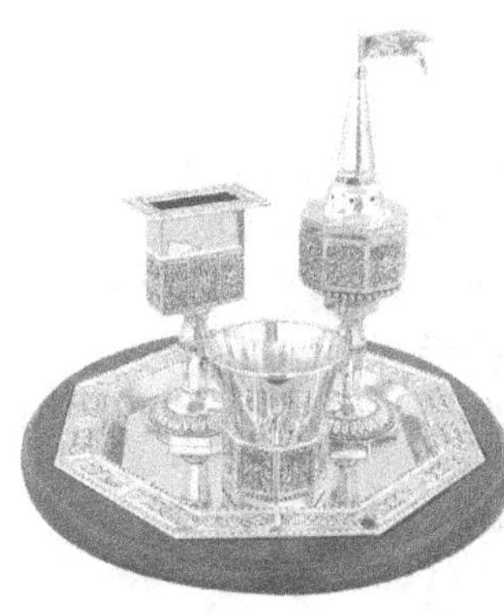

El *Shabat* termina al anochecer, cuando las tres estrellas se vuelven visibles - aproximadamente 40 minutos después del atardecer. Ahora es el momento del *Havdalá* (separación, división), una celebración que da comienzo a la nueva semana. Una vela especial de *Havdalá*, trenzada y con varios pabilos, es encendida y una oración es recitada. Havdalá es la ceremonia **religiosa judía** que marca el fin simbólico del shabat y anuncia la llegada de una nueva semana. Los invitados en la mesa se miran las uñas, las cuales (se supone que) deben reflejar la luz de la vela.

Las especias, usualmente guardadas en un contenedor decorativo, se pasan de mano en mano para oler su fragancia. El *Havdalá* requiere el uso de todos los sentidos - saborear el vino, oler las especias, ver la llama de la vela, sentir su calor y escuchar las bendiciones sobre los símbolos. Esto marca la separación entre el *Shabat* sagrado y la semana seglar que comienza en ese momento.

Todos se desean unos a otros una "Shavua tov!" - "Una buena semana"

Como era costumbre en la época, la canción también es un acróstico - las primeras letras deletrean el nombre del autor. Muchas de las frases vienen de la profecía de Isaías sobre la restauración de Israel, la cual es retratada como la novia en el gran *Shabat*, cuando aparece el mesías.

JEDID NEFESJ

El hermoso poema *Yedid Nefesh* se atribuye comúnmente a un cabalista del siglo XVI, el rabino Elazar Ben Moshe Azikri (1533 - 1600). Algunos lo cantan entre la oración del viernes por la tarde y el comienzo del Kabalat Shabat. Muchas familias judías también cantan esta canción durante la tercera (y última) comida del Shabat, justo antes del anochecer y al comienzo del nuevo día y semana (el domingo).

Yedid Nefesh

Adorado del alma, padre compasivo,
molda Tu sirviente a Tu voluntad
y Tu sirviente se apresurará como una gacela
para inclinarse ante Su majestad.
Para él Tu amistad será más dulce
que probar un panal y que todo el sabor que exista.

Majestuoso, hermoso, luz del universo
mi alma está enferma por tu amor.
Por favor, Oh Dios, sánala al mostrarle
la plena dicha de Tu luz.
Así ella será fortalecida y curada
y la eterna felicidad será suya.

Dueño de todo - que Tu piedad sea levantada
y por favor ten piedad del hijo de Tu adorado,
porque es por mucho tiempo
que yo he deseado intensamente
ver el esplendor de Tu fuerza,
sólo esto ha deseado mi corazón,
así que por favor ten piedad y no te ocultes.

Por favor revélate y extiende sobre mí,
mi adorado,
el refugio de Tu paz.
Que nos regocijemos y estemos felices contigo.
Apresúrate, adorado, porque el tiempo ha llegado
y muéstranos la gracia como antiguamente.

La Jornada de un Día de Shabat

'La jornada de un día de Shabat' no es una frase usada por los judíos, sino que es de origen cristiano. En los tiempos antiguos, los rabinos se basaron en Josué 3:4-5 para definir las reglas sobre cuán lejos de los límites de la ciudad una persona estaba autorizada a viajar.

"Cuando vean que el arca del pacto del SEÑOR su Dios es llevada por los sacerdotes y levitas, ustedes partirán de su lugar y marcharán en pos de ella, para que sepan el camino por donde han de ir; porque ustedes no han pasado antes por este camino. Pero entre ustedes y el arca habrá una distancia de unos novecientos metros."

Los rabinos concluyeron que 'lugar' significaba ciudad y, por lo tanto, era aceptable viajar dos mil codos fuera de los límites de la ciudad durante el Shabat. Los fariseos tenían una interpretación distinta y permitían un viaje de cuatro mil codos (equivalente a aproximadamente 6.000 pies) - un poco más de una milla. En el Nuevo Testamento se ha considerado la teoría de que si una persona iba a viajar cuatro mil codos durante el Shabat, esa persona necesitaría también regresar y por lo tanto se permitían en total ocho mil codos como estándar.

El Mitzvah* (negativo) #321 establece que la distancia máxima que se puede caminar desde la propia ciudad es de dos mil codos (3.049,5 pies; 0,577 millas; 929,5 metros). Sin embargo, esta medida empieza aproximadamente a 70 2/3 codos (112,24 pies) de los límites de la ciudad. Pragmáticamente hablando, esto significa que uno no podía alejarse más de 0,598 millas (3.161,74 pies) en cualquier dirección, en las áreas fuera del límite de la ciudad.

EL SHABBES GOY

Un *shabbes goy* (en yiddish) o *goy shel Shabat* (en hebreo) es una persona no judía que hace ciertos tipos de trabajo para una persona judía durante el Shabat, ya que de acuerdo con la ley judía (*Halachá**) existe la prohibición de realizar ciertas cosas. 'Goy' en hebreo Bíblico significa literalmente 'una nación', pero se usa el término principalmente para identificar a una persona 'no judía'.

Debido a que un judío tiene que respetar el derecho de un no judío de descansar durante el Shabat, no puede pedir de manera explícita ayuda para llevar a cabo un servicio que sea prohibido al pueblo judío.

Sin embargo, como no se espera que un no judío guarde el Shabat, los no judíos pueden desempeñar tareas por voluntad propia. Ocurre a menudo que un judío sugiere a un no judío que desea que le haga un servicio, pero sin pedirlo de manera explícita. Estos casos son considerados legítimos en la mayoría de las comunidades judías.

Antes del siglo XX, los *shabbes goy* apagaban las velas y lámparas que seguían encendidas el viernes por la noche y encendían el fuego en el horno o estufa en las mañanas del Shabat, cuando el clima era frío. Una *Shabat goyah* era usualmente una mujer pobre a quien se le pagaba con una pieza de pan de jalá o diez centavos.

Incluso en la actualidad, en muchas comunidades judías se considera legítimo contratar un trabajador no judío para realizar ciertos servicios durante el Shabat, siempre que se le pague por adelantado para que el pago sea como una especie de regalo y no un salario.

No se requiere un *Shabat (o Shabbes) goy* en el caso de que una vida esté en peligro (pikuach nefesh). Los médicos judíos religiosos también trabajan durante el Shabat, pero por lo general dejan las labores administrativas a un shabbes goy. Algunos hogares, sinagogas y vecindarios ultraortodoxos cuentan con su propio *Shabbes goy.*

Abu Ali, un *Shabbes Goy* moderno en Jerusalén.

Desde el atardecer del viernes hasta el anochecer del sábado, Abu Ali (su sobrenombre) sirve a la comunidad ultraortodoxa de Jerusalén como *Shabbes goy.*

Este musulmán de 55 años enciende los aires acondicionados cuando hace calor y, cuando alguien ha dejado sus luces accidentalmente encendidas, él las apaga. Cuando se quema un fusible, él va a la casa para reemplazarlo. Además, cada Shabat tiene que llevar una o más mujeres al hospital para que den a luz.

Los amigos musulmanes de Abu Ali no saben qué tipo de trabajo él hace durante el Shabat. Él es un musulmán atípico, sirviendo a judíos ortodoxos en una ciudad donde las dos comunidades comúnmente tienen más conflictos que acuerdos. Durante el Shabat se siente como el rey de la comunidad ultraortodoxa. Todos lo conocen y lo necesitan. Sin embargo, después del día de descanso, vuelve a ser el musulmán 'desconocido'. Él se lo toma con humor.

En los inicios de su 'carrera' como *Shabbes goy,* Abu Ali ayudaba en la sala de emergencias de un hospital local. Cuando el hospital cerró sus puertas, se mudó calle abajo, al vecino barrio ultraortodoxo. Cuando comienzan sus deberes como *Shabbes goy,* se pone cómodo en su propio cobertizo de plástico con su silla plástica y un pequeño refrigerador lleno de refrescos. Pegado a la puerta del cobertizo, en letras hebreas grandes y negras escritas sobre un papel amarillo fluorescente, se puede leer: *Shabbes goy.*

A los judíos ortodoxos no se les permite pedir ayuda, así que la comunidad usa su código especial con Abu Ali. Cuando vienen y le dicen 'Hace calor hoy Abu Ali', él ya sabe que ellos desean que encienda el aire acondicionado.

'Está muy oscuro' significa que él debe encender una luz o reemplazar un fusible.

Abu Ali no trabaja por nada - el cobra 10 dólares por visita y llevar una mujer embarazada al hospital cuesta 30 dólares. Como las familias ultra ortodoxas no deben pagar al Shabbes goy por sus servicios, la gente coloca el dinero en una caja que se encuentra en la parte de afuera de la sinagoga del vecindario. Esto después del Shabat, por supuesto.

"He elegido el camino de la Fe."
La creencia en un Dios Único y la santidad de la vida humana son los supremos valores de la religión Judía. La Torá y sus mandamientos abarcan la totalidad de la experiencia de vida de un ser humano. Después de la destrucción del segundo Templo, la sinagoga representó la continuidad judía." Abba Kovner

Una **sinagoga** es una casa judía o samaritana para la oración.

En griego: synagogē (asamblea).
En la Septuaginta: kahal (asamblea).
En hebreo moderno: bayt knesset (casa de asamblea) o beyt t'fila (casa de oración).
En Yiddish: shul (del alemán: schule - escuela).
En ladino: esnoga.
Para los judíos persas y caraítas: kenesa (en arameo).

LA SINAGOGA

"... para amar al SEÑOR su Dios y para servirle con todo su corazón y con toda su alma", Deuteronomio 11:13 (RVA).

"¿Qué servicio se hace con el corazón? ", pregunta el Talmud. "Esa oración". A las oraciones por lo tanto se les llama Avoda sheba-Lev (servicio que está dentro del corazón).

Dichos sobre la Oración

◊ **Cuando ores, baja tus ojos y levanta tu corazón.**

◊ **Deja que aquellos que no conocen el idioma hebreo aprendan sus oraciones en sus idiomas nativos, ya que la oración debe ser entendida.**

◊ **Si el corazón no conoce lo que los labios dicen, eso no es una oración.**

◊ **La oración de un hombre pobre rompe cualquier barrera y se abre paso en la presencia del Señor.**

◊ **Las puertas de la oración nunca están cerradas.**

◊ **La oración es una conversación con Dios.**

Tefilá (en plural tefilos o tefilot; en Yiddish: *davnen** (orar)) son recitaciones que se pueden encontrar en el sidur, el libro judío de oraciones tradicionales.

Varias oraciones son realizadas luego de ponerse en pie y cuando ya se ha colocado el *talit katan** (una prenda con *tzitzit**). La colocación del *talit** (un chal grande de oración) y el *tefilin** (filacteria) es acompañada de bendiciones antes o durante el servicio en la sinagoga.

Las lecturas de la Torá* (los cinco libros de Moisés) y los *Nevi'im** (Profetas) forman parte de los servicios de oración.

Es preferible realizar la oración comunal con un minyan, ya que esto permite la inclusión de oraciones que deben ser omitidas cuando se ora de manera individual.

Servicios de Oración Diarios

- *Shacharit* o Shaharit (del hebreo shacar o shahar - luz de la mañana).
- *Minchá* o Minjá (oraciones de la tarde, llamadas así por la ofrenda de harina que acompañaba los sacrificios en el Templo de Jerusalén). Hora del día: desde media hora después del mediodía (halachic) hasta dos horas y media antes del anochecer. Se espera que la persona complete sus oraciones antes del anochecer.
- *Ma'ariv* o Arvit (oraciones del atardecer). Hora del día: anochecer. En un día laboral, las oraciones de la tarde y del anochecer son recitadas una después de la otra, con el fin de ahorrarse el tener que ir a la sinagoga dos veces.

Oraciones Adicionales

- *Musaf* (adicional).Recitada por las congregaciones ortodoxas y conservadoras durante el Shabat y las celebraciones judías más importantes (incluyendo Jol HaMoed* y Rosh Jodesh*).
- *Ne'ilah* (cierre) es un quinto servicio de oración recitado sólo durante el Yom Kipur (Día de la Expiación).

La mayoría de las sinagogas tienen un Hechal*, un salón largo para la oración (el santuario principal). También hay salones más pequeños para estudiar, a veces un salón social para ocasiones especiales y oficinas administrativas. Algunas sinagogas tienen una habitación separada que oficia de *beit midrash** (casa para el estudio de la Torá).

La alabanza comunal judía se puede llevar a cabo siempre y cuando se reúna un *minyan** (grupo de diez hombres judíos). La alabanza también se puede llevar a cabo de manera individual o con menos de diez personas reunidas. Las sinagogas judías tienen una *mechitzah** (partición), que divide los asientos de los hombres y las mujeres, o una sección aparte para las mujeres, localizada en un balcón.

En los últimos doscientos años, han surgido variaciones entre las costumbres litúrgicas de las distintas comunidades judías, tales como la Asquenazi, Sefardita, Yemenita y Hasídica, entre otras. La mayor parte de la liturgia judía es cantada o entonada con melodías o tropos.

Un cantor profesional o *hassan** a menudo lidera a la congregación en sus oraciones, especialmente durante el Shabat o las festividades.

Según el Talmud, el mandamiento bíblico de la oración consiste en recordar los sacrificios en el Templo, en Jerusalén. El patriarca Abraham estableció la oración matutina, Isaac la oración de la tarde y Jacob la oración nocturna.

De la biblia, tenemos conocimiento que el Rey David y el profeta Daniel oraban tres veces al día.

La *Halachá** (ley judía) requiere que los hombres judíos oren tres veces al día, cuatro veces durante el Shabat y la mayoría de las festividades judías y cinco veces durante el Yom Kipur.

Las mujeres judías ortodoxas deben orar como mínimo una vez al día, sin ningún requerimiento de tiempo específico. Debido al eterno ciclo de embarazo, dar a luz y cuidar a los bebés (a menudo desde una muy temprana edad) a las mujeres se las mantiene exentas de casi todos los mitzvot* (mandamientos) que tengan un tiempo específico.

Aunque todas las oraciones individuales y la mayoría de las oraciones comunales pueden ser dichas en cualquier idioma que la persona entienda, la mayoría de las sinagogas Asquenazi ortodoxas utilizan oraciones hebreas. Las comunidades Sefardíes usan el idioma ladino o el portugués para muchas de sus oraciones, mientras que las sinagogas conservadoras y reformistas tienden a usar el idioma local.

El judaísmo originalmente sólo contaba a los hombres para el minyan, formado para realizar la oración formal. Hoy en día, las congregaciones conservadoras cuentan a las mujeres como parte del minyan y hasta tienen mujeres rabino y cantoras.

En la mayoría de las sinagogas, se considera una señal de respeto el uso por parte de los asistentes masculinos judíos (y no judíos) de algo que les cubra la cabeza, ya sea un sombrero o una *kipá* (una cubierta para la cabeza o yarmulke). Las mujeres casadas cubren sus cabezas con una peluca, pañuelo, sombrero o una combinación de las anteriores.

El *talit* (chal para la oración) se usa tradicionalmente durante todos los servicios matutinos, durante la *Aliyah** sobre la Torá, así como durante el servicio Kol *Nidre del Yom Kipur*. Durante los servicios de la tarde y noche sólo el hassan usa un talit.

Los *tefilin* (filacteria) son usados por los hombres judíos ortodoxos solamente durante las oraciones matutinas de los días de semana. Las sinagogas conservadoras permiten que las mujeres también usen tefilin.

Algunas de las Oraciones de la Sinagoga

- *Birkot ha-shajar* (bendiciones de la mañana).
- *Pesukei D'Zimrá* (versículos de alabanza: Salmos 100 y 145 - 150).
- *Barechu* (llamada pública a la oración; incluye una recitación del Shema).
- *Amidá o Shemoneh Esreh* (una serie de diecinueve bendiciones).
- *Tachanun (*súplicas).
- *Shema Yisrael* (Escucha Israel, de Deuteronomio 6:4 v.v.).
- *La bendición sacerdotal* (Números 6:24-26).
- *Aleinu.*
- *Kadish* (la oración del doliente).
- *Uva letzion* (y [un redentor] vendrá a Sion).
- *Oración de cierre,* antes de la cual no se debe abandonar la sinagoga.

Shemoneh Esreh (dieciocho /ahora dieciocho bendiciones) también llamada de Amidá (oración de pie) es tradicionalmente atribuida a la Gran Asamblea, en los tiempos de Ezra. Las dieciocho oraciones de la *Amidá* de los días laborables se estandarizaron ya hacia finales del período del Segundo Templo. Durante la Edad Media, los textos de las oraciones fueron ajustados a la forma que se utiliza aún en la actualidad.

AVINU MALKENU
('Nuestro padre, nuestro rey')

Estas son palabras de apertura y provienen de la letanía judía más antigua. Los Asquenazi recitan esta oración después del servicio de la tarde y de la mañana (Amidá), durante los días de penitencia y ayuno y especialmente durante el *Yom Kipur*, pero nunca durante el *Tisha B'Av*.

"Nuestro Padre, nuestro Rey
ten piedad de nosotros
y respóndenos,
ya que no tenemos acciones.
Danos la caridad y benevolencia
y sálvanos."

Haftará*
Es un texto seleccionado de los libros de *Nevi'im** y leído públicamente cada Shabat en la sinagoga, después de la lectura de la Torá, así como en festivales judíos y días de ayuno.

Ketuvim*
Libros poéticos: Salmos, Proverbios, Job.
Cinco *megillot* (rollos): Cantar de los Cantares, Rut, Lamentaciones, Eclesiastés, Ester.
Otros: Daniel, Esdras - Nehemías, Crónicas.

Nevi'im
Nevi'im (Profetas) es la segunda de las tres secciones de la biblia hebrea, el Tanaj. Se encuentra entre la Torá (Enseñanzas) y *Ketuvim* (Escrituras). Los profetas están divididos generalmente en dos partes: Primeros Profetas o *Nevi'im Rishonim,* el cual contiene los libros narrativos de Josué hasta Reyes, y los Últimos Profetas (*Nevi'im Aharonim*), que contienen profecías en forma de poesía bíblica.

Nevi'im Rishonim: Josué, Jueces, Samuel, Reyes, Isaías, Jeremías Y Ezequiel *Nevi'im Aharonim*: Oseas, Joel, Amós, Abdías, Jonás, Miqueas, Nahúm, Habacuc, Sofonías, Hageo, Zacarías, Malaquías.

ADON OLAM
(Señor del Universo)

Esta es la traducción de un himno litúrgico popular que se canta durante los servicios en la sinagoga.

"El maestro que reina sobre el universo,
aquí donde todas las cosas terrenales se iniciaron,
donde bajo su orden todo fue creado,
Señor fue el nombre que el ganó.
Y sólo el mandará sobre todo de enorme manera
cuando todas las cosas estén ya idas y acabadas,
Él no tiene un igual o comparación,
Él, el uno y único
no tiene principio ni fin;
Suyo es el cetro, la voluntad y el trono
Él es mi Dios y salvador viviente.
La roca a la cual puedo acudir
Él es mi estandarte y mi refugio
fuente de bienestar a la cual llamo,
en Su mano encomiendo mi espíritu
en la noche y al salir el sol,
y con ello mi cuerpo también lo encomiendo
Dios es mi Dios - no le temo a nada."

EL TALIT - Chal de Oración

"Harás borlas en los cuatro extremos de tu manto con que te cubras."

Deuteronomio 22:12

Un *talit* es un chal de oración judío, que se usa sobre la ropa durante las oraciones matutinas. En cada una de sus esquinas se encuentran los *tzitzit**, unos flecos entrelazados y atados de una manera especial.

Talit es una palabra en arameo que proviene de la raíz 'tll', la cual significa cubierta, manto o sábana. A partir de los tiempos del Talmud, esta palabra se refiere al chal de oración.

Un talit tradicional está hecho de lana, pero puede hacerse de cualquier material exceptuando las mezclas de lana y lino. A menudo se le da a un hijo durante su *Bar Mitzvah* o a un novio como dote durante la boda.

El uso del *Talit* data del año 1800 A.E.C. (Antes de la Era Común), pero el diseño era distinto al que se usa hoy en día.

"Habla a los hijos de Israel y diles que a través de sus generaciones se hagan flecos en los bordes de sus vestiduras y que pongan un cordón azul en cada fleco del borde." Números 15:38.

El *tekhelet* es una tinta de color que se les comandó a los judíos usar junto con el *tzitzit*. A lo largo de los años, la fuente de dicha tinta se perdió y desde entonces los judíos han usado los tzitzot blancos, sin ningún tipo de tinta. El redescubrimiento del caracol que produce el tekhelet es visto como señal de una próxima llegada del mesías.

El propósito del uso del *tzitzit* es recordar a los judíos de sus obligaciones religiosas y recordar el éxodo desde Egipto (ver Números 15:40).

Los judíos religiosos hacen esto usando un talit katan (talit pequeño). La prenda con flecos y parecida a un poncho se usa bajo la ropa. Tiene un hueco para la cabeza y el tzitzit atado en las cuatro puntas. Un *talit katan* por lo general es hecho de lana o algodón.

El chal de oración, el *talit gadol*, es usado sobre los hombros por todos los participantes masculinos de los servicios de oración matutina en la sinagoga. Hoy en día, algunos talitot son hechos de polyester o de algodón. Pueden ser de cualquier color pero usualmente son blancos con rayas negras, azules o blancas en los bordes. Mientras se recita el shema, es costumbre besar el tzitzit cada vez que se menciona la palabra.

EL TEFILIN - Filacterias

Tefilin (filacterias) son dos pequeñas cajas de cuero con la letra Shin, que contienen cuatro pasajes bíblicos. Son usadas por los judíos varones a partir de los 13 años de edad.

Atados al brazo izquierdo y en la cabeza, los Tefilin se usan en la sinagoga durante los servicios matutinos de los días laborables. La cinta para la cabeza se ata con un nudo en forma de un dalet, mientras que el nudo del brazo se hace en forma de un yud. Junto con la letra shin en la caja, se forma *shin - dalet - yud* (Shaddai) uno de los nombres de Dios.

El mandamiento de usar el tefilin se puede encontrar en Éxodo 13:1-10 y en Deuteronomio 6:4-9; 13-21.

Usar el *tefilin* recuerda a un hombre judío que está atado en su servicio a Dios con el corazón, la mente y la voluntad.

COBERTURAS PARA EL CABELLO Y CÓDIGO DE VESTIMENTA

La Práctica de Cubrirse el Cabello

La Biblia presenta el cabello como un ornamento que embellece la apariencia de la mujer. En los tiempos bíblicos, una mujer prometida debía cubrir su cabello y cara con un velo. Cortar el cabello de una mujer era una forma de hacerla verse poco atractiva. En Deuteronomio 21:12 se mencionan las leyes de la mujer cautiva. Algunos estudiosos sugieren que cortar el cabello de la mujer la hacía menos atractiva a su captor, quizás incluso con la intención de que, para el fin del mes, su ardor disminuyese y la dejase ir, en vez de reclamarla como su esposa.

Chatam Sofer (1762-1839), un erudito rabínico dominante y tradicionalista, estableció una ley que requería que la mujer se cortase el cabello después de la boda. Esta práctica se volvió común en Europa Central y especialmente en Hungría. Aunque muchos rabinos se opusieron, este ritual se estableció en una cantidad considerable de comunidades.

Cubrir el Cabello de la Mujer

En el judaísmo post bíblico, cubrirse el cabello marcaba la transición en el ciclo vital de la mujer, el final de la doncellez y el inicio de su etapa de mujer. La mujer así se volvía inaccesible e indisponible para todos con excepción de su esposo. El velo tenía que ser usado siempre que estuviera en presencia de hombres o al salir en público. Según el Mishná, una mujer paseando sin su cabello cubierto representaba una conducta inaceptable.

En la Edad Media, la obligación religiosa de cubrirse el cabello estaba muy arraigada en mujeres de todas las religiones: judía, cristiana y musulmana.

Del Velo a la Peluca

En la Francia del siglo XVI se volvió una moda usar pelucas, práctica adoptada también por las mujeres judías. Al principio fue rechazada por las autoridades rabínicas pero finalmente la mayoría la aceptó, lo cual causó controversia en las comunidades judías más tradicionales. Algunas mujeres pensaban que usar peluca ya era suficiente, mientras que otras usaban la peluca junto con una cobertura de cabello tradicional.

En el día de su boda, una mujer entra en una relación única con su esposo. El judaísmo ve el cabello de la mujer como algo sensual y una parte privada de su apariencia. Al cubrirse el cabello, la mujer expresa su devoción exclusiva, amor y conexión con su esposo.

En los tiempos bíblicos, cuando una mujer era acusada de adulterio por su esposo, ella debía presentarse ante un sacerdote. Parte de la humillación que precedía la ceremonia consistía en descubrir o soltar su cabello en público (Números 5:18). De esto, el Talmud concluye que bajo circunstancias normales, cubrirse el cabello es un requerimiento bíblico para las mujeres.

Se espera que una mujer religiosa casada cubra su cabello incluso en lugares semi-públicos, donde no se encuentren hombres. Muchas mujeres religiosas encuentran un significado en el valor de cubrirse el cabello.
Para ellas es una expresión esencial y única de su creencia religiosa.

Diferentes Tipos de Coberturas para el Cabello

⇒ *Sheitel* (peluca)
⇒ Caperuza
⇒ *Mitpachat* (pañuelo en hebreo) o tichel (en Yiddish)
⇒ Sombrero o boina

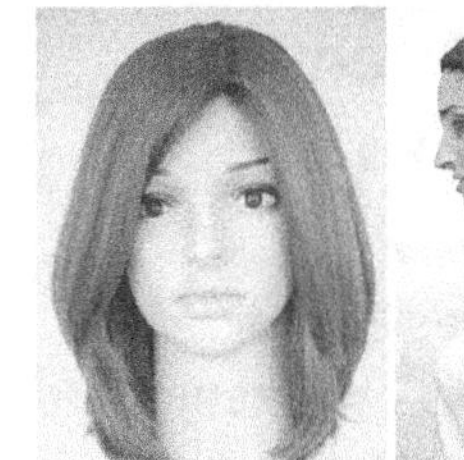

S*heitel o sheytl* (en Yiddish, probablemente derivada de la palabra alemana Scheitel); en hebreo: *pei'ah*.

A las mujeres judías ortodoxas casadas se les requiere, por la ley judía, que cubran su cabello. Esta práctica es parte del estándar de vestimenta relacionado con la modestia, llamado *Tzniut**.

Algunas mujeres Haredi (ultraortodoxas) cubren su cabello con una peluca y adicionalmente usan un sombrero o boina.

Las *sheitel* tradicionales se sujetan con una cubierta elástica para la cabeza y están diseñadas con flequillos grandes para ocultar el cabello original de quien las usa. Las pelucas con ajuste frontal y trazos realistas son las más populares hoy en día.

Las pelucas que usan las mujeres ortodoxas son *kosher** y presentan un certificado indicando que el cabello utilizado no proviene de rituales idólatras (ya que la mayor parte del cabello de las pelucas proviene de templos hindúes de la India).

Un estilo de peluca, conocido como 'cascada' se ha vuelto muy común en varios segmentos de las comunidades modernas y ortodoxas Haredi. Se usa usualmente junto con un sombrero o bandana.

Para no mostrar su cabello, algunas mujeres se rasuran o se lo cortan muy corto. La mayoría de las sectas hasídicas prohíben que la mujer use una *sheitel*, ya que puede dar la impresión de que la cabeza de quien la usa no está cubierta.

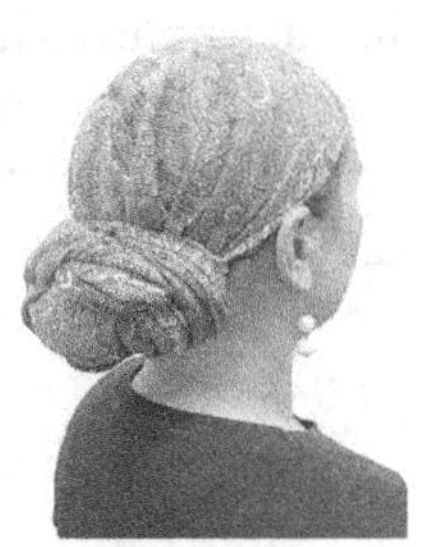

Las mujeres que pertenecen al Toldos (Toldot) Aharon a menudo rasuran sus cabezas totalmente y se las cubren con una pañoleta. Este movimiento hasídico, fuertemente anti-sionista, tiene su sede en un vecindario de Jerusalén llamado Meah Shearim. La mayoría de las chicas Haredi solteras usan su cabello recogido en una cola de caballo, mientras que aquellas que son del Toldot Aharon usan su cabello con dos trenzas.

Las mujeres sefardíes casadas y aquellas que son religiosas nacionales no usan pelucas. Según sus rabinos, ese tipo de coberturas de cabello no son suficientemente modestas, siendo más apropiado el uso de un sombrero o tichel (*mitpachat*).

Los *tichels* pueden variar desde una pieza cuadrada de un solo color y una atadura sencilla en la parte posterior hasta un *mitpachat* elaborado con varios tipos de telas. Los mismos son modernos y a su vez modestos.

Código de Vestimenta Judío Ortodoxo

HOMBRES: En las comunidades Haredi (ultraortodoxas), los hombres por lo general usan pantalones largos y camisas de manga larga. Mientras los hombres ortodoxos modernos usan pantalones cortos y camisas de manga corta, los hombres Haredi nunca se vestirían así. Usar sandalias sin medias (excepto dentro de la sinagoga) es algo aceptado en las comunidades ortodoxas modernas y en las comunidades religiosas sionistas de Israel como parte de la vestimenta del día a día. Los Asquenazi Haredi consideran inapropiado el uso de sandalias sin medias. Las comunidades Haredi sefardíes tienden a aceptar el uso de sandalias fuera, e incluso dentro, de la sinagoga.

Foto: Mercy Gaynoor

MUJERES: las mujeres ortodoxas usan blusas de manga larga (a menudo con un chaleco por arriba) y faldas que cubran las rodillas. Las mujeres Haredi evitan las faldas con cortes y colores llamativos, como el rojo brillante.
La mayoría usan calzados que cubren los dedos de los pies y medias largas - el grosor aprobado de las mismas depende de la comunidad.

Las mujeres judías ortodoxas modernas generalmente usan faldas o blusas que cubren el cuello y mangas tres cuartos, las faldas por lo general que llegan hasta las rodillas o son totalmente largas. Algunas mujeres usan pantalones.

Muchos judíos religiosos creen que la forma en que uno se viste en la sinagoga y en público debe ser comparable a la que uno vestiría si fuese a conocer la realeza u oficiales del gobierno.

CODIGO DE COMPORTAMIENTO

En el judaísmo ortodoxo, los hombres y mujeres que no son familiares no tienen permitido tocarse los unos a los otros (un rápido apretón de manos en una reunión de negocios es permitido algunas veces). Privarse de tocar el sexo opuesto se conoce como *shemirat negiah**. Los padres, hijos, abuelos y nietos no están en esta categoría, ni tampoco la esposa de un hombre a menos que esté *niddah* (impura ritualmente durante y después de la menstruación). Muchas parejas religiosas no se tocan en público. Los hombres y mujeres ortodoxos no tienen permitido participar de una situación de reclusión (*yichud**) en un cuarto cerrado o área privada donde no se espere que entre alguien más. Esto es para prevenir posibles relaciones sexuales fuera de la ley. Por esta razón, las personas deben dejar la puerta abierta en una reunión o asegurarse que haya más gente en la habitación. Originalmente, esta prohibición se aplicaba sólo a las mujeres casadas que se encontraban en una habitación cerrada con alguien que no fuese su esposo. Después que el hijo del Rey David, Amnon, violó a Tamar, la hermana de Absalom, la prohibición yichud se extendió e incluye ahora a las mujeres solteras también.

CAPÍTULO 3

ROSH JODESH

*"En el día de su regocijo, es decir, en sus so-
lemnidades y en sus días primeros de mes,
tocarán las trompetas en relación con sus
holocaustos y con sus sacrificios de paz."*
Números 10:10 (RVA)

Rosh Jodesh (literalmente 'cabeza del mes') es
el nombre del primer día de cada mes en el
calendario hebreo, marcado por el día y la hora
en que se observa la nueva luna creciente. Se
considera una celebración menor, similar a *Jol
Hamo'ed*, los días intermedios entre *Pesach y
Sucot*.

El calendario hebreo fue establecido cuando los
israelíes aún estaban en Egipto:
*"El SEÑOR habló a Moisés y a Aarón en la tierra
de Egipto, diciendo: Este mes será para ustedes
el principio de los meses; será para ustedes el
primero[a] de los meses del año."*
Éxodo 12:1-2

Ambas lunas, la nueva y la llena, son mencionadas en Salmos 81:3.
En tiempos antiguos, un nuevo mes era determinado por observadores que examinaban el
cielo por las noches buscando señales de la luna. Al conseguir ver el primer atisbo de luna,
reportaban de inmediato la situación al Sanedrín (la corte de justicia más alta y el consejo
supremo de la antigua Jerusalén).

Los líderes judíos preguntaban en que parte del
cielo esos observadores habían visto la luna y
pedían que les señalaran en qué dirección estaba. Sólo si dos testigos confiables confirmaban
que la luna nueva había aparecido y la descri-
bían de manera precisa, el sanedrín declaraba
que había empezado un nuevo mes. Los

mensajeros salían a comunicarle a la gente que
el nuevo mes había comenzado. Encendían
fuego en las partes altas de las montañas para
avisar a las comunidades vecinas que había llegado el nuevo mes y estas comunidades a su
vez hacían lo mismo para pasar el mensaje.

Rosh Jodesh se convirtió en un día festivo. Era
anunciado soplando el *shofar**, se conmemora-
ba con convocaciones solemnes, festividades
familiares y sacrificios especiales. Antiguamente, los festines y festivales anuales dependían
de estas declaraciones.

Después de la destrucción del Templo, cuando
ya no estaban disponibles los sacrificios, el significado del *Rosh Jodesh* disminuyó.

El calendario judío actual fue introducido en el
tiempo de Hillel II (358/9 EC). Los cálculos as-
tronómicos reemplazaron la práctica de llamar
testigos ante el Sanedrín. Basándose en cálculos científicos, se tornó posible calcular el calendario judío, inclusive a largo plazo.

Hoy en día, el *Rosh Jodesh* se anuncia de manera pública antes de que ocurra, durante el Shabat, excepto en el mes de *Rosh Hashaná* (el
Año Nuevo Judío).

Este día es llamado de *Shabat Mevarechim* (el Shabat de la bendición), debido a que se recita una bendición especial durante el servicio de la Torá.

Durante el servicio nocturno de *Rosh Jodesh,* se agrega una oración por la restauración del Templo. La oración se recita nuevamente a la mañana siguiente, junto con toda o parte del Hallel (Salmos 113-118). Números 28:1-15 también es leído. El musaf es un servicio adicional de oración que conmemora los sacrificios originales en el Templo. Después del servicio, muchos recitan el Salmo 104.

Se acostumbra comer una comida especial en honor al Rosh Jodesh. Además, la primera noche de sábado después del *Rosh Jodesh*, normalmente se recita la *Kidush Levaná** (santificación de la luna).

Según el Talmud, las mujeres están dispensadas de trabajar durante el *Rosh Jodesh.* Rashi (1040-1105 EC), el famoso estudioso judío, describió las actividades de las cuales debían abstenerse: hilar, tejer y coser. Este era el tipo de trabajo que las mujeres realizaban cuando el *Mishkan* (Tabernáculo) era preparado.

El *Rosh Jodesh* ha sido reconocido como una festividad para mujeres. Debido al carácter especial del día, es costumbre usar ropa nueva durante el mismo.

Mujeres religiosas celebrando el *Rosh Jodesh* en Tel Shiloh, el lugar donde se encontraba el Tabernáculo.

CAPÍTULO 4

PESACH – LA PASCUA

"Habrán de conmemorar este día. Lo habrán de celebrar... a través de sus generaciones. Lo celebrarán como estatuto perpetuo..." Éxodo 12:14-17 (RVA).

La *Pesach* (Pascua) es la primera de las tres festividades judías de peregrinación y siempre se celebra el décimo cuarto día del mes hebreo de Nisan. Este día marca el inicio del Nuevo Año Bíblico. La fecha también determinaba la duración del reinado de un rey.

La Pascua conmemora el Éxodo desde Egipto, cuando Dios liberó a los israelíes de su esclavitud. El Shabat antes de la Pascua se llama *Shabat haGadol** porque marca el inicio de la redención.

Hoy en día, los judíos religiosos pasan las semanas antes de la Pascua en un ajetreo de limpieza completa y profunda del hogar para remover toda migaja o resto de *jametz** de cada esquina del hogar.

Esta 'limpieza de primavera' ha sido copiada por varias personas no judías también.

El *Jametz* (leudado) se puede hacer a partir de cinco tipos de granos que, al combinarse con agua, se dejan reposar por más de dieciocho minutos. Durante la Pascua, se prohíbe comer, guardar o poseer cantidades de Jametz que sean mayores que el tamaño de una aceituna.

La mayoría de los judíos ortodoxos van más allá - hasta los bordes y grietas de la cocina y sus alrededores son limpiados profundamente para remover cada mínimo rastro de harina y levadura, no importa cuán pequeños sean. Cualquier ítem o implemento que haya sido usado para manipular jametz se debe guardar y no se debe usar durante la Pascua.

Se permite vender el jametz a una persona no judía (que no está obligada a cumplir los mandamientos) a cambio de un precio simbólico (por ejemplo $1).

Generalmente, la gente 'vende' su *jametz* a un rabino, que a su vez se lo vende a un no judío. El rabino vuelve a comprar el jametz al final de la festividad por menos de lo que fue vendido. Algunas personas crean una despensa jametz especial donde guardan sus ítems hasta que termine la festividad. Los estantes del supermercado que contengan alimentos que no sean *kosher lePesach* (kosher para la Pascua) son cubiertos con cortinas plásticas.

La mayoría de las familias judías observantes tienen juegos de losa, vasos y utensilios de plata especiales (y en algunos casos hasta lavaplatos y fregaderos separados) que nunca han tenido contacto con el *jametz*. Estos son utilizados únicamente durante la Pascua.

Ciertos utensilios, como vajilla, ollas y recipientes de metal, pueden ser transformados en 'kosher para la Pascua' a través de un proceso llamado '*kashering*'.

En vecindarios religiosos, el servicio de' kashering' es ofrecido por una pequeña suma de dinero.

La búsqueda de cualquier resto de jametz se hace la noche antes de la Pascua. Después de una bendición especial, uno o más miembros del hogar van de habitación en habitación revisando que no queden migajas en ninguna parte.

Esta búsqueda se lleva a cabo con luz de velas (iluminando todas las esquinas sin crear sombras) y con una cuchara de madera (para recoger las migajas). Al día siguiente, las migajas encontradas se queman junto con el resto del jametz.

Es costumbre esconder unos diez trocitos de pan, más pequeños que una aceituna, para asegurarse que algún *jametz* será encontrado.

En la mañana del décimo cuarto día de Nisan, todos los productos leudados que aún se encuentren en la casa se queman.
Para asegurarse que la quema del jametz será segura, las municipalidades colocan incineradores especiales en las esquinas.

Esa misma mañana, los primogénitos deben cumplir el Ayuno del Primogénito, el cual conmemora la salvación de los primogénitos hebreos. Según Éxodo 12:29, Dios castigó a todos los primogénitos egipcios mientras que los israelíes no fueron afectados.

En las sinagogas se acostumbra realizar un *siyum** (ceremonia que marca la culminación del aprendizaje de una parte de la Torá) justo después de las oraciones matutinas. La comida festiva que ocurre a continuación, culmina con la obligación de ayuno del primogénito.

Pesach también es llamada de *Jag HaMatzot*, refiriéndose al pan plano y sin leudar. Los Israelíes debieron marcharse con tal prisa que no hubo tiempo para que el pan creciera. Dios les dijo a los israelíes que comieran pan sin leudar por siete días.

Durante los cuarenta años en el desierto solo había maná. Al entrar a la tierra prometida, el pueblo judío pudo cocinar matzot, con el trigo y cebada local, para celebrar una verdadera Pesach.

Korban Pesach es el cordero que fue sacrificado en el Tabernáculo del Templo, asado y comido durante la celebración.

El profeta Samuel revivió este festival religioso nacional y bajo el mandato del Rey Salomón el festival tomó un nuevo esplendor, con la construcción del primer Templo. Después de su muerte, la idolatría y el paganismo hicieron que las celebraciones del *Pesach* disminuyeran totalmente. Tiempo después, reyes adoradores de Dios, como Ezequías y Josías, volvieron a implementar el festival.

Después de la destrucción del primer Templo, el Korban Pesach no podía ser sacrificado y fue entonces reemplazado por el recitado de oraciones y la ingesta de matza y hierbas amargas. Cuando el segundo Templo fue construido, el Korban Pesach fue incorporado nuevamente hasta la destrucción del mismo, en el año 70 E.C.

A nivel mundial, más del ochenta por ciento de los judíos asiste a un Seder en la víspera del feriado. Seder significa 'orden'. Se refiere a la conmemoración del Éxodo de Egipto y se conmemora comiendo alimentos especiales, leyendo historias bíblicas y cantando canciones específicas de la fecha.

Algunas de las prácticas que se mantienen hasta hoy ya se realizaban antes de la destrucción del segundo Templo, en los hogares de los judíos que no podían ir en peregrinación a Jerusalén.

El *Pesach Hagadá* contiene el texto y el orden de la comida Seder, la cual puede tomar varias horas para ser completada.

Temprano en la mañana del lunes y jueves de los días intermedios, la bendición del sacerdote se lleva a cabo en el Muro Occidental, en la Ciudad Vieja de Jerusalén.

Los *Cohanim* (cuyos nombres indican que descienden de la línea sacerdotal de Aarón) dan la bendición Aarónica de Números 6:24-26, mientras son cubiertos con sus *talits* (chales de oración).

La bendición sacerdotal, *birkat cohanim*, también es conocida como *nesiat kapayim* (alzar de las manos) o *dukhanem* (de la palabra en Yiddish, *dukhan* - plataforma- porque la bendición se daba desde una tarima alta).

En Israel, la celebración de Pesach se observa por siete días mientras que en la diáspora, por ocho días. El primero y último día son feriados mayores, durante los cuales está prohibido trabajar (como en el Shabat). Durante los *Jol Hamoed* (días intermedios), las personas pueden trabajar.

Los samaritanos que viven en el Monte Gerizim, cerca de Siquén (Naplusa), y los falashas etíopes son los únicos grupos que aún realizan el sacrificio pascual durante Pesach.

Pesach es una celebración familiar que todos disfrutan. Durante estos días muchos automóviles empiezan a exhibir la bandera nacional.

Foto a la izquierda: Pesach en el Monte Gerizim, 1934.

ISRU JAG

*Isru Jag** significa literalmente 'atar la ofrenda del festival' o 'el días después del festín'.

Durante los días del Templo, los peregrinos que habían venido hasta Jerusalén en peregrinación comenzaban este día su largo camino de vuelta a casa. Hoy en día, el *Isru Jag* se considera una celebración menor.

*Un árbol puede estar solo en el campo,
un hombre solo en el mundo,
pero ningún judío está solo
en sus días sagrados.*

Abba Kovner

Es Bueno Saber:
Si usted no recibe una invitación para el Seder, hay muchas congregaciones cristianas o mesiánicas que tienen grupos de Seder. Durante la celebración de Pesach, todo el mundo sale a la calle. Hay muchos atascos y los parques nacionales y las atracciones públicas se encuentran llenas de gente.

BIRKAT COHANIM - BENDICIÓN SACERDOTAL

"Y Dios le habló a Moisés y le dijo Habla a Aarón y a sus hijos, y diles que así bendecirán a los hijos de Israel. Díganles: 'El SEÑOR te bendiga y te guarde. El SEÑOR haga resplandecer su rostro sobre ti, y tenga de ti misericordia. El SEÑOR levante hacia ti su rostro, y ponga en ti paz'. Así invocarán mi nombre sobre los hijos de Israel, y yo los bendeciré."

Números 6:23-27 (RVA)

El Birkat Cohanim es el nombre en hebreo de la 'bendición de los sacerdotes' (*cohen* = sacerdote). En los tiempos de la era del Templo, los sacerdotes recitaban esta bendición todos los días.

Hoy en día hay sinagogas que hacen este rito cada mañana y otras sólo durante el Shabat. En la diáspora, la ceremonia por lo general se realiza sólo durante las festividades judías, cuando la mayor parte de la congregación se encuentra junta.

Durante la bendición, las manos del *Cohanim* se extienden sobre la congregación con los dedos colocados de manera que formen la letra hebrea *Shin.* Esto simboliza la luz de *Shekhina* - presencia de Dios.

En muchas congregaciones los hombres colocan sus *talitot* (chales de oración) sobre sus cabezas y no miran al *Cohanim*, para no distraerse. Durante los festivales de peregrinación, una ceremonia especial se lleva a cabo en el Muro de los Lamentos (Kotel).

Es costumbre gravar el gesto de la mano sacerdotal en las las lápidas de los *Cohanim*. Arqueólogos encontraron las palabras de la bendición sacerdotal (grabadas en pergaminos de plata) en tumbas que datan del siglo VII A.E.C.

El señor Spock, de la serie de televisión Star Trek, usaba la versión de la bendición sacerdotal de una sola mano como su saludo de 'larga y próspera vida'.

CAPÍTULO 5

ORACIÓN POR EL ROCÍO

"Rocío, precioso rocío... Cae sobre la tierra. Desde el cielo el tesoro debe ser dado..."
Ración Asquenazi

Al final del feriado de *Pesach,* oraciones por el rocío son incluidas en los servicios de la sinagoga. La Pascua ocurre al final de la temporada lluviosa y anuncia el inicio del verano. La primera lluvia (Yoreh) se puede esperar sólo en octubre o noviembre. En Israel, el rocío era (y aún es) de mucha importancia durante los meses cálidos y secos del verano.

El rocío que da la vida se sigue viendo como una bendición celestial. En muchas congregaciones, es costumbre que el cantor use durante las oraciones por el rocío una vestimenta blanca (el *kitel),* así como lo hace durante las altas celebraciones, para despertar la divina misericordia y que esta sea esparcida sobre las cosechas durante la Pascua.

Entre Pesach y Shavuot, las siete especies (dátil, oliva, higo, uva, cebada, trigo y granada) se encuentran en diferentes etapas de maduración. Cada tipo de fruta necesita distintas condiciones climáticas para asegurar una cosecha abundante. En esta época del año, el clima es inestable - olas de calor repentinas puede ser seguidas de ráfagas de frío. Por lo tanto, la zafra de un cultivo nunca está asegurada.

Durante los tiempos del Templo, los campesinos traían los bikurim (primeros frutos) de cada una de las siete especies. Ellos dependían de un Único y verdadero Dios, a diferencia de las personas no creyentes que pensaban que dioses paganos controlaban el clima.

En la noche que termina la festividad de Pesach, los judíos marroquíes comienzan a celebrar su festival Mimouna.

CAPÍTULO 6

EL FESTIVAL MIMOUNA

Esta tradición judía del norte de África marca el inicio de la primavera y el regreso del consumo de *jametz.* Algunos creen que se deriva del nombre Maimon, del rabino Moshe Ben Maimon (el padre del Rambam), y la Mimouna marca la fecha de su nacimiento o muerte. Después de establecerse en Israel, los inmigrantes judíos provenientes del norte de África (magrebíes) celebraban la Mimouna con sus familias. Desde 1966 es considerada una festividad nacional. La celebración comienza después del anochecer del último día de Pascua. Los judíos marroquíes y argelinos abren sus hogares a visitantes, que son bienvenidos para degustar una muestra abundante de pasteles festivos tradicionales y golosinas.

La mesa también se adorna con varios símbolos de la suerte y la fertilidad con un énfasis en el número '5', tales como cinco piezas de joyería de oro o cinco granos colocados sobre un pastel de hojaldre. En Israel, la Mimouna es una celebración popular con fiestas al aire libre, picnics y parrilladas. El número 5 representa: la armonía y equilibrio, es el símbolo del universo, las características del hombre: 5 dedos de las manos, 5 de los pies, 5 sentidos, etc.

CAPÍTULO 7

CONTANDO EL OMER

En los tiempos antiguos, el primer fajo de cebada era cosechado hacia el fin del primer día de Pesach, después del atardecer (el inicio del nuevo día para los judíos). Los judíos ortodoxos continúan con esta práctica hasta el día de hoy. La cebada era llevada al Templo como una ofrenda de agradecimiento. Desde ese día en adelante la cebada podía ser cosechada y usada.

Después de cosechar el primer fajo, se contaban cuarenta y nueve días y en el día cincuenta comenzaba el *Shavuot* (= semanas). Esto también anunciaba el inicio de la cosecha de trigo. Al 'contar el Omer', los dos eventos más importantes de la agricultura se conectaban entre sí. El Omer es una unidad de medida bíblica para los granos.

Durante su deambular por el desierto, los israelíes recibieron la Torá en el Monte Sinaí, el día de *Shavuot.* Actualmente, la mayoría de los judíos religiosos usan el período de contar el Omer para prepararse espiritualmente para el segundo festival de peregrinación. Es un tiempo de semi-luto durante el cual no se rasuran, no se cortan el cabello, no escuchan música, no realizan bodas ni asisten a fiestas o cenas donde se baile.

Según el Talmud, doce mil pares de compañeros de estudio de la Torá murieron durante la ocupación romana - debido a la plaga y también por la opresión romana. Durante el *Lag Ba'Omer* (trigésimo tercer día de contaje del Omer) la plaga se terminó (o la rebelión resultó victoriosa), lo cual es celebrado en Israel con grandes hogueras. Cosas que estaban prohibidas ahora se pueden disfrutar plenamente. Algunas personas usan este tiempo de duelo para recordar a los judíos que fueron asesinados durante las cruzadas, matanzas y libelos de sangre que ocurrieron en Europa durante la Edad Media.

INTRODUCCIÓN A LOS DÍAS CONMEMORATIVOS DE ISRAEL

Los días conmemorativos de Israel comienzan una semana después del final de la celebración de la Pascua. Estos son:

- *Yom HaShoah* - **Día de Conmemoración del Holocausto**
- *Yom HaZikaron* - **Día de Conmemoración**
- *Yom Há'Atsmaut* - **Día de la Independencia**

CAPÍTULO 8 - INTRODUCCIÓN A LOS DÍAS

"... No te olvides de las cosas que tus ojos han visto, ni que se aparten de tu corazón durante todos los días de tu vida. Las enseñarás a tus hijos y a los hijos de tus hijos."

Deuteronomio 4:9

"Olvidar Significa Morir - Recordar es Vivir."

¡Zechor! ¡Recuerda!
El verbo activo es descripto por Webster como 'mantener algo vivo en la memoria, de modo que pueda hacerse consciente sin ningún esfuerzo'.
Recordar o recolectar memorias implica algún tipo de esfuerzo o voluntad para traer algo a la mente. Rememorar es recordar, contarles a los otros sobre eventos pasados y tus experiencias personales.

Zachar (zechor) es la palabra hebrea para recordar, pensar en algo, mencionar.

Génesis 8:1 dice: "Dios recordó a Noé".
El SEÑOR le dijo a Noé en Génesis 9:15: "recordaré mi pacto" y nos dio el arcoíris para recordarnos Su promesa a la humanidad.
Dios actúa en rememoración de Sus promesas del pacto. Él recordó a Abraham, a Su pueblo. Éxodo 6:5-6.
La promesa de Dios de recordar fue repetida por el pacto que realizó en el Monte Sinaí, cuando los israelitas se convirtieron en un pueblo. Podemos leer esto en Levítico 26:40-45.
Los Salmos 98:3, 105:8, 42 y 106:45 también mencionan el hecho de que Dios recuerda Su pacto.

En Ezequiel 16:60, Dios recuerda Su promesa de recuperar Su pueblo y liberarlo del cautiverio. Jeremías 31:34 dice: "yo perdonaré su iniquidad y no me acordaré más de su pecado".

Dios le ordena a Su pueblo:
"Recordar este día cuando salieron de Egipto", Éxodo 13:3.
"Recuerda el día de Shabat", Éxodo 20:8.
Sobre todo "recuerden Sus obras maravillosas", Salmo 105:5, 1 Crónicas 16:15.

Zikaron significa rememoración, memorial.
Dios dijo acerca de Su nombre en el pacto (YHWH = SEÑOR) "esta es mi memoria para todas las generaciones" (Éxodo 3:15, Salmos 30:4, 135:13). El nombre recuerda Sus actos para cumplir con el pacto.
Se le ordenó al pueblo de Dios "recordar a Amelek". Éxodo 17:14.

La capa de bronce que cubría el altar (Números 16:40) y la pila de piedras cerca del Río Jordán (Josué 4:7, 20-24) servían como homenajes eternos para los hijos de Israel.
Dos 'piedras memoriales' inscritas con los nombres de las doce tribus eran parte del efod del sacerdote.

Antes que los israelíes fuesen al campo de batalla, la gente sacrificaba ovejas y tocaba trompetas. "Y les servirán de recordatorio en la presencia de su Dios", Números 10:9-10.

La palabra griega *'anamimnesko'* se usa en voz activa y significa recordar o traer a la mente. Anamnesis es rememoración. La palabra aún es usada hoy en día por doctores, para referirse a la historia médica del paciente.

Aquellos que sufren de *amnesia* son desmemoriados y tienen dificultades para recordar.

"El olvido lleva al exilio, mientras que la remembranza es el camino a la redención." Baal Shem Tov - fundador del Hasidismo.

Cuando se celebra la comunión, se les ordena a los cristianos *"haz esto en recuerdo mio"* 1 Corintios 11:24-25.

Para el pueblo judío, la remembranza es parte integral de sus vidas. La práctica de encender velas en honor a la memoria de familiares fallecidos está basada en Proverbios 20:27: *"El alma de un hombre es una lámpara par el SEÑOR".*

Originaria de la Alemania medieval, la práctica se esparció a otras comunidades. Debido a que las luces de conmemoración deben estar encendidas por 24 horas, velas especiales son utilizadas con porta velas de metal o cristal.

Los servicios de remembranza y sus oraciones especiales (Hazkara*) recuerdan a los muertos y expresan la esperanza de que sus almas consigan el descanso eterno. Leemos acerca de esta práctica antigua en 2 Macabeos 12:43. Judas Macabeo le decía a su gente: *"...orar por los muertos y hacer sacrificio por ellos, para que así puedan ser perdonados por sus pecados".*

En los tiempos del Talmud, estas *hazkarot* se convirtieron en una costumbre aceptada.

En el judaísmo, la rememoración es vista como algo positivo. No implica culpa o venganza sino que se trata de una acción positiva en medio de todas las cosas negativas que han caído sobre alguien. Esta es la razón por la que los hospitales judíos tienen paredes con nombres de donantes honrando la memoria de un ser amado.

Para muchas personas, los días nacionales de rememoración y homenaje son verdaderamente dolorosos debido a los recuerdos que traen consigo.

El luto es una parte integral del judaísmo. Sin embargo, para poder llevar a cabo el *shiva**, primero debe haber un entierro. Imagine la situación agonizante que sufre una familia cuando un hijo desaparece en acción o es secuestrado por los enemigos de Israel. Las personas judías son capaces de pagar un precio muy alto por traer a sus hijos (muertos) a casa.

El Romero y la Rememoración

Los arbustos de romero se pueden conseguir en todo Israel. Cómo es un miembro de la familia de la menta, estos arbustos verdosos siempre tienen una fragancia aromática fuerte. Las personas en la antigüedad ya conocían su reputación de mejorador de la memoria. Los científicos de la actualidad han comprobado que la esencia de romero es un estimulante efectivo para la memoria.

Pablo dice en 2 Timoteo 2:8: *"Acuérdate de Jesucristo, resucitado de entre los muertos".*

Yeshúa, nuestro Salvador, resucitó de entre los muertos. Él es la fuente y el proveedor de todas nuestras necesidades. Los cristianos nunca deben olvidarse de la bondad de Dios hacia Su pueblo. No solo los judíos, sino que los cristianos también deben: **¡Recordar! ¡Y vivir!**

RECORDAR el pasado

VIVIR el presente

CONFIAR en el futuro

Abba Kovner

CAPÍTULO 9

LA MUERTE Y LAS COSTUMBRES FUNERARIAS EN ISRAEL

La actitud judía hacia la muerte es una combinación de desafío y aceptación.
La vida es vista como algo que debe ser apreciado y preservado y la muerte debe ser combatida. No se debe escatimar en esfuerzos para salvar a una persona que está en peligro de muerte. Morir el día del cumpleaños es visto como una bendición especial de Dios - solo las personas que son muy especiales mueren el mismo día de su cumpleaños.

Cuando alguien muere en casa, el cuerpo debe ser colocado sobre el piso y con los pies hacia la puerta principal. Los ojos y la boca deben estar cerrados y el cuerpo se debe cubrir con una sábana. Se enciende una vela y se la coloca cerca de la cabeza.
Desde el momento de la muerte hasta el entierro, el cuerpo de la persona fallecida no se debe dejar solo. A menudo la familia busca un *shomer**, una persona que se sienta cerca del fallecido y le recita salmos.

En los tiempos del Talmud, el anuncio de la muerte debía ser hecho de manera indirecta, soplando un shofar. El hombre que reunía la congregación para las oraciones de la mañana en la sinagoga, generalmente tocaba tres veces en las puertas o ventanas; cuando tocaba solo

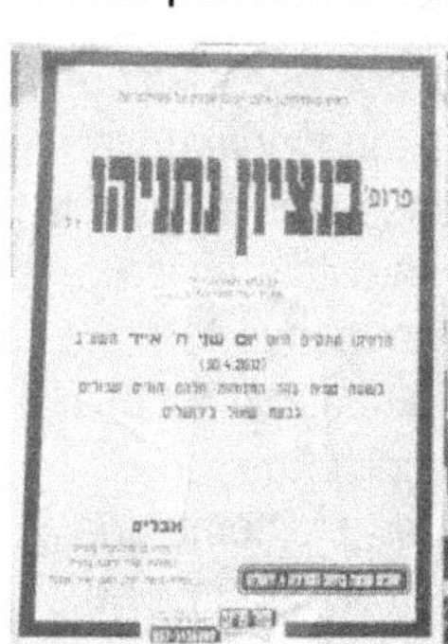

dos veces, la gente sabía que alguien había muerto. Hoy en día, son los miembros de la familia quienes informan sobre la muerte de un ser querido y avisan sobre donde será el entierro — generalmente dentro de las primeras 24 horas.

Bait Kevarot (lugar de las tumbas) o *Bait Olam** - Casa de la Eternidad - Cementerio

El área del cementerio judío es considerada como santa y está reservada sólo para entierros de judíos. Algunos cementerios tienen filas separadas para hombres y mujeres, además de divisiones por comunidades - por ejemplo Asquenazi y Sefardita. Los no judíos son enterrados en sus propios cementerios o en secciones especiales.

Kevura - Entierro (Confinamiento de los muertos)
En el antiguo Israel, dejar un cadáver sin sepultar era considerado como algo horriblemente indigno (ver 1 Reyes 14:11). Era una obligación religiosa enterrar a los muertos - hasta los criminales que habían sido ahorcados (ver Deuteronomio 21:23).

La mayoría de las comunidades judías tienen su propia *Jevra Kadisha** (literalmente 'santa hermandad') o sociedad fúnebre, que prepara el cuerpo para el entierro realizando el lavado ceremonial. Para no discriminar entre ricos y pobres, todas las personas deben ser enterradas con un sudario. Esta es una práctica común desde el año 200 E.C. y continúa hasta nuestros días en Israel; los judíos que forman parte de la diáspora son enterrados en un ataúd sencillo, sin adornos y hecho de madera.

En Israel, las personas son enterradas sin ataúd y cubiertas solamente con el *kitel** y el talit. Las mujeres son enterradas sólo con sudarios blancos. En el funeral los dolientes tradicionalmente rasgan una vestimenta externa, un ritual que se conoce como *keriá**. Esta vestimenta se usa durante todo el *Shiva** (período de duelo).

El entierro es considerado como una medida final de redención. Al igual que con el *geniza**, los judíos entierran los objetos como parte de un 'confinamiento' honorable y queman las cosas sólo como una forma de destrucción. La *Halachá** (ley judía) prohíbe la cremación de cuerpos. Debido a que los nazis cremaron miles de judíos durante el Holocausto, la cremación es vista hoy en día con una connotación incluso más negativa.

Actualmente, en Israel, es usualmente aceptado colocar flores sobre la tumba, pero algunas comunidades de la diáspora lo ven como una tradición pagana.

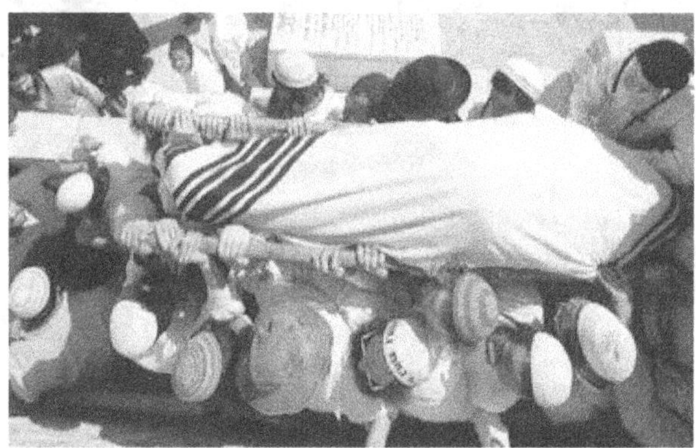

SUPERSTICIONES

- Muchas personas creían que el ángel de la muerte limpiaba su cuchillo ensangrentado en el agua cercana a los muertos. Por lo tanto, todos los recipientes que contenían agua en el patio de la casa debían ser vaciados en la tierra.
- Debido a que los shedim (espíritus) seguían a los muertos hasta la tumba y se paseaban alrededor de ellos, el cortejo fúnebre debía lavarse las manos antes de entrar a la casa - no era suficiente meter las manos en el río (por esta razón existía un lavamanos especial en el cementerio).
- Para alejar a los espíritus que seguían a las personas en luto, la gente debía sentarse y descansar varias veces.
- La tabla sobre la cual la persona muerta había sido lavada ceremonialmente, nunca se podía voltear.
- Uno no debía visitar la misma tumba dos veces durante un mismo día y tampoco se debía dormir en el cementerio.
- Se le aconsejaba a la gente que no mirase de cerca la cara de una persona muerta ni besase el cadáver, ni siquiera cuando se trataba de un familiar.
- Un niño moribundo podía ser liberado de los brazos de la muerte si sus padres lo 'vendieran' a un amigo por un shekel.
- Un cambio de nombre puede salvar a alguien de la muerte.
- Quitar una pluma de la almohada que está debajo de la cabeza de una persona moribunda ayudaba a que su alma partiese más fácilmente (algunos rabinos se oponían a esta práctica ya que pensaban que apresuraba la muerte).
- Es un buen augurio morir con una sonrisa en la cara o morir en el día del cumpleaños.
- La lluvia durante el entierro es vista como una señal de compasión y perdón hacia el muerto.

CAPÍTULO 10

COSTUMBRES DE DUELO

Shiva (literalmente siete) es, en el judaísmo, el período de luto de una semana seguido por familiares de primer nivel: padre, madre, hijo, hija, hermano, hermana, esposo y esposa. La tradición surgió de Génesis 50:1-14, donde se relata como Jacob guarda luto por su padre Isaac por siete días.

El período de luto, también llamado de 'sentar Shiva', comienza inmediatamente después del funeral, el cual debe realizarse, en Israel, en un lapso de veinticuatro horas.

Se espera que los niños mayores de 13 años y las niñas mayores de 12 años guarden luto por familiares cercanos. Las leyes judías sobre el luto hacen un balance entre las emociones y la sabiduría filosófica.

Se espera que los dolientes lloren, rasguen sus vestimentas y participen en la ceremonia de entierro. Sin embargo, no se les permite guardar luto por mucho tiempo. El énfasis del período de luto es recuperarse de la pérdida y enfocarse en los asuntos de la vida.

La Aninut * (duelo intenso) es la primera etapa del duelo, cuando la persona está en estado de shock y desorientada. La aninut dura hasta que culmina el entierro y es seguida por la avelut* (duelo). Un avel (doliente) no escucha música, no va a conciertos y no asiste a eventos alegres como bodas, Bar y Bat Mitzvahs, a menos que sea totalmente necesario.

Shiva - Siete Días

Por siete días, los miembros de la familia reciben visitas (con excepción del Shabat y de los *Yom Tov**). En los hogares de judíos religiosos, un minyan se reúne en la casa del doliente para hacer una lectura de la Torá.

Tradicionalmente, la primera comida después del funeral, la *seudat havra'ah** (comida de consuelo), es ofrecida por los vecinos o amigos.

Los dolientes no se bañan ni duchan, no usan zapatos de cuero ni joyas y los hombres no se rasuran. En muchas comunidades se cubren los espejos de la casa. No se permite tener relaciones maritales ni estudiar la Torá (los dolientes sólo pueden estudiar las leyes del duelo y leer las porciones de la biblia relacionadas con *Tisha B'Av)*. Es costumbre que los dolientes se sienten en banquillos pequeños o incluso en el piso, para simbolizar que se sienten 'hundidos' por el dolor.

Se considera un gran *mitzvah** (literalmente 'mandamiento', pero se interpreta como 'buena acción') de bondad y compasión visitar la casa de alguien que esté en duelo. Debido a que los dolientes no tienen permitido servir comida a los visitantes, la familia y amigos atienden a las visitas, limpian y también cocinan.

Tradicionalmente, no se intercambian saludos y los visitantes esperan a que los dolientes inicien la conversación o permanecen en silencio si los dolientes también están en silencio, como una forma de mostrar respeto por su dolor. Se espera que los visitantes hablen sobre la persona fallecida y compartan historias sobre la vida de esa persona.

Algunos dolientes usan el *shiva* como una especie de distracción ante su pérdida, otros prefieren guardar luto junto a sus amigos y familia. Al irse de una casa (Asquenazi) con personas sentando shiva, los visitantes recitan una bendición tradicional: *"Que Dios te consuele junto a los otros dolientes de Sion y Jerusalén".*

Según las costumbres, otros pueden agregar: "no debes tener más tza'ar (angustia)" o *"sólo debes tener simchas (celebraciones)"* o *" sólo debemos escuchar buenas noticias de ahora en adelante"* o *"te deseo una larga vida".* En un shiva sefardí los visitantes pueden decir: *"que el cielo te consuele".*

Nadie va a una casa en duelo durante el Shabat o en días festivos. En estos días los dolientes usan sus ropas festivas y oran en la sinagoga, pero no lideran los servicios.

Si el primer día del Yom Tov (días festivos incluyendo el *Rosh Hashana, Yom Kipur, Sucot, Pesach y Savuo*t) ocurren durante el *shiva*, el período de duelo se da como culminado y se cancela el mismo (incluso si el *Yom Tov* comienza al anochecer del día del funeral). Los entierros nunca se realizan durante el *Yom Tov*.

En Israel, los dolientes solo regresan al trabajo después del *shiva*. Después de la muerte de uno de los padres, se considera a la persona como doliente por un período de doce meses.

Shloshim – Treinta Días
El período de los treinta días posteriores al entierro (incluyendo el shiva) se conoce como *shloshim* (treinta). Durante este período, la persona en duelo tiene prohibido casarse o asistir a comidas festivas religiosas. Los hombres no se rasuran ni se cortan el cabello durante este tiempo.

Shloshim marca el fin del período de duelo para los otros familiares que no sean los padres, esposo o esposa.

En la víspera del *shloshim* es tradición que los familiares den su apoyo, reciten oraciones y salmos y hagan caridad en mérito al fallecido. A finales del siglo XIX, el ritual de develar la lápida se volvió popular. En Israel, el develar la lápida se hace después del shloshim. Al final de la ceremonia, un familiar cercano remueve la cubierta de tela. A menudo, el servicio incluye una breve elegía para el fallecido.

Shnem-Asar Hodesim – Doce Meses
Los dolientes que hayan perdido a uno de sus padres deben guardar un período de luto de doce meses, que se cuenta desde el día de la muerte del padre o madre. Durante este período la mayoría de las actividades regresa a la normalidad, aunque algunos dolientes pueden recitar el kadish de duelo por once meses. No se les permite asistir a ocasiones festivas o reuniones grandes donde haya música.

Hazkara y Yahrzeit
Hazkara es el último servicio memorial de los primeros doce meses de duelo. El Yahrzeit (del Yiddish, 'tiempo del año') se refiere al aniversario del día de la muerte de un familiar. Esto usualmente se conmemora encendiendo una vela memorial en el hogar y visitando la tumba, donde un familiar recita el *Kadish* y la oración *El Male Rachamim.*

En los tiempos bíblicos, las tumbas eran marcadas con montículos de piedras. Al colocar (o reemplazar) las piedras, el doliente ayudaba a preservar el lugar.

Actualmente, al visitar una tumba judía es costumbre colocar una piedra pequeña en la lápida utilizando la mano izquierda. Es una prueba de que otros han visitado la tumba y participaron del mitzvah del entierro.

KADISH (Lit. santificación) es una oración aramea de alabanza a Dios. Originalmente era una oración breve en la sinagoga. El *kadish* del doliente se convirtió en una práctica aceptada en el siglo XIII, durante el tiempo de las cruzadas. A partir del siglo XV, la oración empezó a ser usada como una recitación en el aniversario de la muerte de un miembro de la familia. El kadish puede ser recitado por hombres o mujeres e incluso por judíos no religiosos.

EL MALE RACHAMIM

"Oh Dios, lleno de compasión, que moras en las alturas, garantiza un descanso perfecto en las alas de la Divina Presencia - en los lugares exaltados entre los santos y puros que brillan como el firmamento - al alma de..., quien se ha ido a su eterno reposo (y por cuyo bien... hará una contribución a la caridad en remembranza solemne).

Que el jardín del edén sea su lugar de descanso. Que el misericordioso lo guarde por siempre en sus alas de protección y que su alma esté unida en el lazo de la vida eterna. Que el Señor en su legado, permita que el (ella) descanse en paz, y nos permita decir: Amén".

KADISH

"Glorificado y santificado sea el gran Nombre de Dios a través de todo el mundo, el cual Él creó a su voluntad. Que establezca su reino durante tu vida y durante tus días y durante la vida de toda la casa de Israel, de manera rápida y pronta. Bendito y adorado, glorificado y exaltado, alabado, amado y laureado sea el Nombre del Único Santo, más allá de todas las bendiciones e himnos, oraciones y consolaciones que son dichas en el mundo y que nos permita decir Amén."

CAPÍTULO 11

YOM HASHOAH -
DÍA DE CONMEMORACIÓN
DEL HOLOCAUSTO

En la semana posterior a Pesach, la bandera israelí es izada en edificios gubernamentales y en los balcones de las casas como parte de la preparación del *Yom Hazikaron laShoah ve-laG'vura* ('Día de Conmemoración del Holocausto y del Heroísmo'). Este día se conoce como *Yom Hashoah* ('Día de Conmemoración del Holocausto' o' Día del Holocausto'). Conmemora los seis millones de judíos que fallecieron durante el holocausto en manos de los nazis. Desde el año 1953 es una fecha de conmemoración nacional, celebrada el vigésimo séptimo día de Nisan (entre abril y mayo). Cuando cae en un Shabat, se corre un día.

La mayoría de los hogares judíos encienden velas conmemorativas y muchos recitan el *Kadish** (la oración de los fallecidos).
En la víspera de *Yom Hashoah,* y el propio día también, los lugares de entretenimiento público permanecen cerrados por decreto de ley. La televisión israelí transmite documentales sobre el holocausto y programas periodísticos relacionados con el tema y en la radio se escuchan canciones suaves y tranquilas. Las banderas en los edificios públicos se izan a media asta.

En Israel, *Yom Hashoah* se inicia a las ocho de la noche con una ceremonia de estado que se lleva a cabo en Yad Vashem, el 'Museo de los Héroes y Mártires del Holocausto', en la Plaza Gueto de Varsovia, Jerusalén.

Durante la ceremonia, la bandera nacional se iza a media asta e inmediatamente despúes pronuncian sus discursos el Presidente y el Primer Ministro. Los sobrevivientes del holocausto encienden seis antorchas, simbolizando los seis millones de judíos que perecieron, y los jefes rabinos recitan oraciones.
Al día siguiente, a las diez de la mañana, suena una sirena (la señal de 'todo en orden') durante dos minutos en todo Israel. Las personas paran y prestan atención, los automóviles se detienen y los conductores permanecen de pie al lado de sus vehículos. La mayor parte del país se paraliza mientras numerosas personas realizan un tributo silencioso a los fallecidos.

En el día de *Yom Hashoah*, se llevan a cabo ceremonias y servicios en escuelas, bases militares y otros lugares públicos de todo el país.

*Ner Zikaron** - La Luz Memorial

Es una lámpara o luz especial encendida en memoria de un familiar fallecido. La práctica tiene su origen en Proverbios 20:27: *"el alma del hombre es una lámpara para el Señor"*. La tradición probablemente se originó en la Alemania medieval. Además de en los días de *Yom Hashoah y Yom Hazikaron,* las luces memoriales son encendidas en tres ocasiones: durante el *Shiva, el Yahrzeit* de un miembro de la familia y en la noche de *Yom Kipur.*

CAPÍTULO 12

YOM HAZIKARON - DÍA DEL RECUERDO

Yom Hazikaron es un día en recuerdo de los caídos a partir del año 1860 (cuando los judíos empezaron a vivir afuera de los muros de la Ciudad Vieja de Jerusalén). Usualmente es el cuarto día de Iyar (generalmente en mayo). Si la fecha cae un viernes o sábado, se cambia el día de la celebración.

Desde el año 1963, *Yom Hazikaron* se ha convertido en el día memorial oficial de Israel, en el cual soldados caídos y víctimas del terrorismo son recordados.

Los servicios memoriales se inician a las ocho de la noche con el toque de una sirena durante un minuto. En los servicios, que acontecen en toda la nación, participa personal militar y altos líderes de Israel. La ceremonia principal se lleva a cabo en el cementerio de las Fuerzas de Defensa de Israel (FDI), en el Monte Herzl, Jerusalén.

Al día siguiente, una sirena de dos minutos es tocada a las once de la mañana, marcando así el inicio de las ceremonias memoriales oficiales y las reuniones privadas en los cementerios donde los soldados son enterrados. Una vez más, el tráfico se detiene, la gente permanece de pie e inclina la cabeza en honor a los soldados caídos. El día se cierra oficialmente entre las siete y las ocho de la noche con la ceremonia de apertura del Día de la independencia de Israel, en el Monte Herzl, en Jerusalén, donde la bandera es izada por completo nuevamente. Conmemorar *Yom Hazikaron* justo antes de *Yom Ha'atzmaut* se hace con el propósito de recordarle a las personas el precio que se pagó por la independencia y lo que se pudo lograr por medio del sacrificio de los soldados.

Muchos Israelíes han servido en las Fuerzas de Defensa de Israel o tienen alguna conexión con aquellos que fueron asesinados durante los conflictos militares de Israel.

ORACIÓN YIZKOR
Día del Recuerdo de Israel

Que Dios recuerde las almas de sus heroicos hijos: Los luchadores de las Fuerzas de Defensa de Israel, quienes cayeron en las guerras de Israel, en acciones de defensa, retaliación y seguridad y durante el cumplimiento de su deber, incluyendo las almas de los luchadores bajo tierra y las brigadas, que pelearon en la lucha de la nación - todos aquellos que sacrificaron su vida por la santificación del nombre de Dios.

Y con la ayuda de Dios, el Señor de todas las campañas de Israel, ellos lograron el resurgimiento de la nación y el estado y la redención de la tierra y la ciudad de Dios.

Ellos fueron más rápidos que las águilas y más fuertes que los leones cuando se ofrecieron de voluntarios para ayudar a la nación y empaparon nuestra tierra santa con su sangre pura. La memoria de sus sacrificios y acciones heroicas nunca desaparecerá de nosotros.

Que sus almas estén atadas al vínculo de la vida, con las almas de Abraham, Isaac y Jacob, y con las almas de los otros héroes y mártires de Israel que están en el jardín del edén. Amén.

ACERCA DE LA BANDERA NACIONAL Y EL EMBLEMA DE ISRAEL

Degel Yisrael (la bandera de Israel) fue adoptada el 28 de octubre de 1948, cinco meses después de la fundación del país. Muestra una estrella de David en color azul y un fondo de color blanco, en medio de dos franjas azules horizontales. El diseño básico es similar al talit, el chal de oración judío, el cual es blanco con franjas azules.

La estrella en el centro es el *Magen David* (escudo de David).

Blanco: es símbolo de luz, honestidad, inocencia y paz.

Azul: simboliza la confianza, la lealtad, la sabiduría, la confidencia, la inteligencia, la fe, la verdad y el cielo.

Esta bandera, adoptada por el primer congreso sionista en Basilea en 1897, ha sido aceptada por comunidades judías en todo el mundo como un emblema del sionismo, por lo que resultó natural utilizarla cuando se proclamó oficialmente el estado judío.

El poeta austríaco-judío Ludwig August Frankl (1810-1894), fue la primera persona de los tiempos modernos que expuso la idea de que los colores azul y blanco eran los colores del pueblo judío.

Tres décadas antes del Primer Congreso Sionista, Frankl publicó un poema titulado 'los colores de Judá'.

El nuevo Estado de Israel no sólo requería una bandera nacional, sino que también necesitaba un emblema para demostrar su soberanía en la comunidad de las naciones.

El emblema israelí fue adoptado nueve meses después que el estado fue establecido. Simbolizaba la continuidad y el cumplimiento del sueño sionista. La visión de Zacarías (Zacarías 4:1-3; 11-14) de la menorá y las ramas de olivo, representan la idea del recientemente establecido Estado de Israel. Corresponde a la reconstrucción del Templo en Jerusalén, luego del regreso a Sion. Los dos árboles de olivo representan la 'religión' y el 'estado' (los 'dos dignatarios ungidos' - el sacerdote mayor y el gobernador) que permanecen unidos para realizar el sueño sionista.

Cuando sentimientos sublimes llenan su corazón, Él está cubierto por los colores de su país Él se mantiene en oración, abrigado
En una túnica blanca brillante.
Los dobladillos de la túnica blanca
Están adornados con bandas de cintas
azules; Cómo la túnica del Sumo Sacerdote
Adornada con bandas de hilo azul.
Estos son los colores de nuestro amado país,
Azules y blancas son las fronteras de Judá;
Blanco es el resplandor del sacerdocio,
Y azul el esplendor del firmamento.

CAPÍTULO 13

YOM HA'ATZMAUT
DÍA DE LA INDEPENDENCIA

Yom Ha'atzmaut se celebra el quinto día de Iyar en el calendario hebreo. Fue ese día que David Ben Gurion leyó públicamente la Declaración de la Independencia de Israel. La fecha correspondiente en el calendario Gregoriano fue el 14 de mayo de 1948. Si el quinto día de Iyar cae viernes o sábado, las celebraciones se corren para el jueves anterior.

El *Yom Ha'atzmaut* se inicia alrededor de las ocho de la noche con la apertura oficial en el Monte Herzl de Jerusalén, la cual es transmitida en vivo por televisión. La ceremonia incluye un discurso del Presidente del Knesset (el parlamento israelí), actuaciones artísticas (formando estructuras elaboradas como la menorá o el Magen David) y el encendido tradicional de doce antorchas, una por cada una de las tribus de Israel.

Las personas que encienden las antorchas son ciudadanos israelíes que han hecho una contribución social en un área específica. La madre (en luto) de la imagen ha perdido a su hija soldado durante uno de los ensayos del Día de Independencia, debido al colapso de una de las estructuras por causa de los fuertes vientos.

Muchas ciudades hacen espectáculos al aire libre en sus plazas, con cantantes Israelíes famosos y shows de fuegos artificiales. Para facilitar que las personas canten y bailen, en muchas calles y plazas se corta el tránsito.

Al día siguiente, un vuelo de aviones de combate y helicópteros de las Fuerzas de Defensa de Israel (FDI) dan inicio a las principales actividades del Día de la Independencia. El presidente, el jefe de las Fuerzas de Defensa de Israel, el Primer Ministro y el Ministro de Defensa cantan sus canciones favoritas del Día de la Independencia con la banda y los cantantes de las FDI-IDF. Más tarde, el Presidente de Israel honra ciento veinte soldados sobresalientes de las - en su residencia oficial, en Jerusalén.

Otras de las actividades que se realizan durante el *Yom Ha'atzmaut* son:
⇒ Competencia Bíblica Internacional en Jerusalén.
⇒ Ceremonia del Premio de Israel en Jerusalén.
⇒ Apertura de algunas bases de las FDI-IDF al público.
⇒ Desfile de las FDI-idf (1948-1973).
⇒ Concurso de Canciones Hebreas (1960-1980).

En todo el país, las familias israelíes se dirigen a los parques para hacer picnics y barbacoas (esto se conoce como mangal en la jerga coloquial israelí). La palabra viene del término árabe para decir fogón.

Los balcones y edificios se decoran con banderas israelíes y banderas pequeñas se colocan en las ventanas de los automóviles. Muchos israelíes mantienen sus banderas colgadas hasta el *Yom Yerushalayim* (Día de Jerusalén).

Como el Rabinato Jefe declaró el Yom Ha'atzmaut una festividad judía, los judíos observantes recitan el Hallel (Salmos 113-118) durante los servicios.

Algunos Haredim (ultraortodoxos) se unen a las multitudes y disfrutan de una barbacoa. Sin embargo, los judíos ultraortodoxos miembros de las sectas Satmar, Toldos Aaron, Toldos Avraham Yitzchak y Neturei Karta no celebran el *Yom Ha'atzmaut.* Ellos proclaman que la fundación de un estado judío antes de la llegada del mesías es un pecado. Algunos de ellos incluso ayunan este día y recitan oraciones para días de ayuno.

AL HANISSIM (Por los Milagros)

Esta oración del día de acción de gracias fue compuesta en la era Talmúdica. Se recita durante la *Amidá,* gracia después de las comidas, además de en las celebraciones de *Hanukkah y Purim.* Algunas comunidades vinculan el texto con la Guerra de Independencia (1948).

"Te agradecemos por los milagros,
la redención, las acciones poderosas,
y los actos de salvación que has realizado,
así como por todas las guerras que
has luchado, por nuestros padres en la
época antigua en esta temporada."

Los israelíes Drusos, Beduinos y Circasianos por lo general celebran la independencia de Israel. La mayoría de los árabes viviendo en Israel, sin embargo, consideran el Día de la Independencia de Israel algo trágico en su historia. Lo llaman *al-Nakba* (la catástrofe).

CAPÍTULO 14

LAG BA'OMER

El *Lag Ba'Omer* (también conocido como Lag La'Omer entre los judíos sefardíes) se celebra el trigésimo tercer día de la Cuenta del Omer, que ocurre en el décimo octavo día del mes hebreo de Iyar (usualmente en mayo). Según el Talmud, veinticuatro mil estudiantes del rabino Akiva murieron de una plaga enviada divinamente durante la Cuenta del Omer. En los años siguientes, los judíos empezaron a celebrar el fin de la plaga durante el *Lag Ba-Omer.*

El rabino Akiva continuó con sólo cinco estudiantes, entre ellos el rabino Shimon bar Yochai, quien se convirtió en el mayor maestro de la Torá de su generación. Akiva decidió que sus estudiantes debían aprender a luchar contra los conquistadores romanos. Para evitar sospechas, se vistieron como cazadores, usando arcos y flechas, y fueron al bosque para practicar. Luego, los estudiantes se unieron a los rebeldes de Bar Kokhba en su lucha por la libertad.

Durante el Imperio Romano, los romanos creían que era de mala suerte contraer matrimonio en mayo, antes de la cosecha. Creían que las almas de los muertos volvían a la tierra para acechar a los vivos y solo podían ser calmadas con funerales, no con bodas. Este período duraba treinta y dos días y terminaba el trigésimo tercer día, con un festival. La práctica romana coincidía con la práctica judía de contar el Omer, la cual culminaba con el Lag Ba'Omer en el trigésimo tercer día.

Durante la Edad Media, el *Lag Ba'Omer* se convirtió en una celebración oficial para los estudi-

antes de rabino. En este llamado 'Día de los Estudiantes', se acostumbra practicar deportes al aire libre.

Antiguamente, durante la Cuenta del Omer, los agricultores solían preocuparse (y aún se preocupan) por el éxito, o fracaso, de la cosecha de granos. El clima durante la primavera israelí es siempre inestable. Los vientos calientes del desierto (*sharav)* pueden secar los plantines o quemar los granos. Otro peligro son las langostas, otros insectos o enfermedades de las plantas. Hasta que el agricultor no sepa el resultado de sus cosechas, no estará de humor para celebraciones públicas o privadas.

Mientras que la Cuenta del Omer se considera un período de semi-luto para los judíos religiosos, todas las restricciones de duelo se terminan el trigésimo tercer día del Omer. Entre los judíos Asquenazi, las bodas, fiestas, escuchar música y cortes de cabello son programados para ese último día. Los judíos sefardíes se casan durante el *Lad Ba'Omer*, que es el trigésimo cuarto día del Omer. En la víspera de la celebración se encienden grandes fogatas en varias partes del país. Los niños comienzan a recolectar la leña después de la celebración de Pesach. Algunos creen que la práctica de encender estas fogatas data de los días de Bar Kokhba, que encendía hogueras para avisar a las otras villas que la capital había sido tomada. A su vez, las aldeas encendían otras hogueras que podían ser vistas a una distancia aún mayor. Al día siguiente, las familias disfrutan de picnics y salidas a los bosques. Los niños juegan con arcos y flechas de goma. Las celebraciones de Merón datan del tiempo del rabino Isaac Luria (1534-1572). Desde entonces se volvió costumbre hacer el primer corte de cabello (*upsherin**) de los niños de tres años de edad durante el *Lag Ba'Omer*.

La ideología sionista conectaba el *Lag Ba'Omer* con la revuelta de Bar Kokhva contra el Imperio Romano. La festividad se convirtió en un símbolo del espíritu de lucha judío.

El programa Gadna (brigadas de la juventud) de las FDI (Fuerzas De Defensa De Israel) fue establecido durante el *Lag Ba'Omer* del año 1941. Su emblema incluye un arco y una flecha. Durante el *Lag Ba'Omer* de 1948, el gobierno israelí ordenó el establecimiento de las Fuerzas de Defensa de Israel. En el año 2004, el *Lag Ba'Omer* fue declarado el día para homenajear las reservas de las FDI-IDF.

UPSHERIN

El *upsherin* (en Yiddish: upsherinish, literalmente 'podar', o jalaká) es una ceremonia judía, de origen cabalístico, en la que se realiza el primer corte de cabello de un niño judío de tres años de edad. La tradición upsherin es (para el judaísmo) relativamente moderna y solamente se ha conseguido rastrear hasta el siglo XVII.

R. Yehuda Leibush Horenstein, un rabino hasídico que emigró a la Palestina Otomana a mitad del siglo XIX, escribió lo siguiente: *"este corte de cabello, llamado jalaká, es realizado por los sefardíes de Jerusalén en la kever (tumba) de Shimeon Bar Yochai durante el verano, mientras que durante el invierno llevan al niño a la sinagoga o Bayit Midrash y realizan el corte con una gran celebración y fiestas, algo desconocido para los judíos en Europa".*

Debido a que no existe una palabra en hebreo o Yiddish para esta costumbre, se la denominó con la palabra en Yiddish para corte de cabello: '*upsheren*'.

En la comunidad hasídica, el upsherin marca la entrada de un niño al sistema educativo y el comienzo de su estudio de la Torá. Desde ese momento en adelante deberá usar una *kipá** (yarmulke) y el *tzitzit **. Se le enseñará a orar y a leer el alfabeto hebreo, de manera que la Torá sea 'dulce en la lengua', las letras hebreas se cubran con miel y el niño las 'lama' mientras lee.

Algunas comunidades pesan el cabello que es cortado durante la ceremonia *upsherin* y donan el equivalente a la caridad. Si el cabello es lo suficientemente largo, puede ser donado a una institución que haga pelucas para pacientes con cáncer. Otra costumbre incluye que los invitados se corten un mechón de cabello e incentiven al niño a colocar una moneda en una caja *tzedaká** por cada mechón cortado.

Cortarse el cabello no es permitido durante el período de Cuenta del Omer, pero se permite en el *Lag Ba'omer.* Por esta razón, los niños que cumplen tres años entre *Pesach y Lag Ba-omer*, celebran el upsherin este día.

La celebración más grande durante el Lag Baomer se llevan a cabo en la tumba del rabino Shimon bar Yochai, en Merón, región de Galilea. Shimon bar Yochai fue un famoso erudito taná del siglo I en el antiguo Israel, activo desde la destrucción del segundo templo, en el año 70 EC. Era uno de los discípulos más eminentes del Rabino Akiva y se le atribuye la autoría del Zohar, el principal libro de la *Cábala**. Durante el tiempo del rabino Isaac Luria (1534-1572), los padres solían repartir dulces y vino mientras se le cortaba el cabello a su hijo por primera vez. Esta costumbre es popular aún hoy en día. El rabino Isaac Luria, un judío místico de Safed (en la región Galilea de la Palestina Otomana), es considerado el padre de la Cábala moderna.

Hoy en día, muchos judíos ortodoxos viajan al Monte Merón para celebrar el *upsherin* de su hijo. Los habitantes de Jerusalén que no pueden viajar a Merón, hacen sus celebraciones en la tumba de Shimon Hatzaddik.

La Biblia, en algunas ocasiones, compara la vida humana con el crecimiento de los árboles. En Levítico 19:23 se menciona que uno no tiene permitido consumir la fruta que crece en un árbol durante los tres primero años de vida del mismo. Algunos judíos aplican este principio al corte de cabello de sus hijos y, por lo tanto, sólo a los tres años de edad los niños reciben su primer corte. Los judíos hasídicos esperan que el niño, así como un árbol que crece y produce frutos, crezca en conocimiento y buenas acciones y que algún día tenga su propia familia. Algunas comunidades llaman a un niño antes de su primer corte un *'orlá'* - la misma palabra que se usa para un árbol cuando está en sus primeros años.

LA KIPÁ - YARMULKE

Una *kipá* (en plural *kipot)* es una pequeña cobertura para la cabeza que usan los judíos religiosos para mostrar su respeto a Dios.
El Talmud dice: *"cúbranse la cabeza para que respeten y teman al cielo sobre ustedes".* El rabino Hunah Ben Joshua nunca caminó cuatro codos (2 metros) con su cabeza descubierta. Él explicaba: *"la divina presencia siempre está sobre mi cabeza".*

Según el *Shulchan Aruch** se le recomienda enfáticamente a los hombres judíos cubrirse la cabeza y, haciendo esto, no deben caminar más de dos codos con la cabeza descubierta. Cubrirse la cabeza usando, por ejemplo, una kipá, se describe como 'honrar a Dios'.

Durante la Edad Media, en Europa, era distintivo entre los judíos usar un sombrero con ala ancha y una punta o extensión central. Inicialmente se usaba por opción entre los judíos, para distinguirse, pero algunos gobiernos cristianos tornaron su uso obligatorio como una medida discriminatoria.

En el siglo XIX, los rabinos en Estados Unidos usaban una especie de toca de graduación (gorro de tela con forma de 'platillo', como una boina) o un gorro chino. Otros judíos de esa época usaban kipot negras con forma de casquete. En muchas comunidades, se incentiva a los niños a usar una *kipá* desde una temprana edad para implantar el hábito.

El color y material de la *kipá* puede ser una señal de adherencia a un determinado movimiento religioso.

Los **kipot tejidos o de crochet,** conocidos como serugot kipot, suelen ser usados por los religiosos sionistas y los ortodoxos modernos, quienes también pueden usar kipot de gamuza o cuero.

Las **kipot bucharian** son populares entre los niños y también son usados por feministas, liberales y judíos reformistas.

Las **kipot yemenitas** típicos son de terciopelo negro con una franja de uno o dos centímetros bordada alrededor del borde, con diseños multicolores de flores, arabescos o geométricos.

Los miembros de la mayoría de los grupos jaredíes usan kipot negras de terciopelo o de tela. En general, cuanto más grande sea la kipá, más tradicional es el que la usa. Por otra parte, mientras más pequeña sea la kipá, más moderna y liberal es la persona.

En Jerusalén, a veces es posible encontrar hombres usando una kipá blanca de crochet que cubre toda la cabeza y que, en algunos casos, tiene una borla o pompón en la parte superior. No confunda a los musulmanes (que a veces usan algo similar a la kipá) con los seguidores del fallecido rabino Yisroel ber Odesser. La frase *'nach nachman me'uman'* es tejida o bordada en la kipá.

Las **kipá modernas** tienen diferentes colores, hasta de equipos deportivos, especialmente de fútbol.

Las kipot con una inscripción en su interior, se utilizan también como suvenir de una celebración (Bar/bat mitzvah* o una boda).

Hay **kipot e**specíficas para **mujeres.**

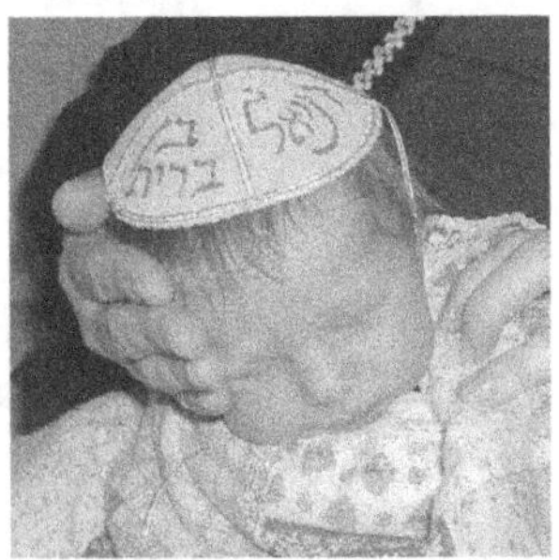

Una **kipá especial para bebes**, con un cordel de cada lado para ajustarlo, es frecuentemente usada durante la ceremonia de brit milá*.

CAPÍTULO 15

YOM YERSUSHALAYIM
DÍA DE JERUSALÉN

Yom Yerushalayim es una festividad nacional que conmemora la unificación de Jerusalén y el establecimiento del control israelí sobre la Ciudad Vieja en junio de 1967. Luego de la Guerra de Independencia de 1948, por diecinueve años Jerusalén fue una ciudad dividida. La capital fue reunificada durante la guerra de los seis días, en el año 1967.

El 12 de mayo de 1968, el gobierno declaró una nueva celebración - el día de Jerusalén. Se celebraría el vigésimo octavo día de Iyar, la fecha hebrea en que la ciudad dividida de Israel se convirtió en una nuevamente (generalmente cae en mayo o a principios de junio). El día 23 de marzo de 1998, la knéset aprobó la ley del 'Día de Jerusalén', haciendo de este día una festividad nacional.

El jefe del rabinato declaró que el día de Jerusalén era una festividad religiosa menor para agradecer a Dios la victoria en la guerra de los seis días y por responder la oración de dos mil años: "el próximo año en Jerusalén".

El día está marcado por ceremonias estatales, servicios de conmemoración por los soldados que murieron en la batalla por Jerusalén y desfiles por el centro de la ciudad.

En las sinagogas, los congregados recitan la oración *Hallel** y otras bendiciones.
Las escuelas israelíes enseñan a sus alumnos el significado de Jerusalén y se hacen asambleas festivas. Este día es conmemorado en las escuelas judías de todo el mundo.

Jerusalén, la capital de Israel, se ha convertido en una ciudad grande y en plena expansión. De todas partes del mundo vienen turistas a ver su belleza, a aprender sobre su pasado y a peregrinar en sus lugares santos. Jerusalén es un punto de conexión entre las tres religiones más importantes del mundo: judaísmo, cristianismo e islam.

El 7 de junio de 1967, el día en que Jerusalén fue liberada, el ministro de defensa Moshe Dayan declaró:

"Esta mañana, las Fuerzas de Defensa de Israel liberaron Jerusalén. Hemos reunificado a Jerusalén, la capital dividida de Israel. Hemos regresado a nuestros lugares santos y nunca nos vamos a marchar de ellos. A nuestros vecinos árabes, también en este momento - especialmente en este momento - les extendemos nuestra mano en paz. Y a nuestros ciudadanos cristianos y musulmanes, les prometemos solemnemente todos sus derechos religiosos y libertades. No vinimos a Jerusalén por los lugares santos de otras personas ni tampoco para interferir con los seguidores de otras creencias; vinimos para salvaguardar la integridad de la ciudad y vivir en ella junto con los otros, en unión."

Esta declaración es relevante aún hoy en día.

DICHOS SOBRE JERUSALEN

- "Si me olvido de ti, oh Jerusalén, que mi mano derecha olvide su destreza", Salmo 137:5 (RVA-2015).
- "Ora por el bien de Jerusalén, que aquellos que te aman estén en paz", Salmo 122.
- De cimas hermosas, alegría de la tierra.
- Diez medidas de belleza descendieron al mundo, Jerusalén tomó nueve y el resto del mundo sólo una.
- Una ciudad que une a todos los judíos porque todos son compañeros en ella.
- Todos los que oran en Jerusalén oran como si estuvieran ante el trono Divino.
- Cuando Jerusalén fue destruida incluso Dios estuvo de luto y no habrá dicha ante Él hasta que sea reconstruida e Israel regrese a su centro.
- Cuando un judío ora, debe mencionar a Jerusalén.
- Jerusalén tiene 70 nombres, entre ellos 'Ciudad de David' (2 Samuel 5:9), 'León de Dios' (Isaías 29:1), 'Ciudad de Dios' (Salmos 87:2), 'Ciudad de la Verdad' (Zacarías 8:3), 'Ciudad Jubilosa' (Isaías 22:2), 'Ciudad Fiel' (Isaías 1:26), y 'Modelo de Belleza' (Lamentaciones 2:15).

Es Bueno Saber:

Durante el día de Jerusalén, se lleva a cabo el llamado 'Desfile de las Banderas'. Por lo general empieza en Sacher Park y los felices participantes (en su mayoría religiosos jóvenes) cantan y bailan camino a la Ciudad Vieja. El desfile termina en el Kotel. ¡Compre una bandera y únase a la celebración!

CAPÍTULO 16

SHAVUOT
LA FIESTA DE LAS SEMANAS

En Israel, el *Shavuot* se celebra sólo durante un día - en el sexto día del mes hebreo de Sivan (usualmente a finales de mayo o principios de junio). En la diáspora, los judíos lo celebran durante dos días. El feriado cristiano de Pentecostés siempre es el séptimo domingo después de Semana Santa.

> *"Cuando hayas entrado en la tierra que el Señor tu Dios te da en posesión, y la hayas tomado y habites en ella, tomarás una parte de todos los primeros frutos que obtengas de la tierra que el Señor tu Dios te da, la pondrás en una canasta, y te dirigirás al lugar que el Señor tu Dios escoja como residencia de su nombre..."*
> **Deuteronomio 26:1-3**
>
> *"Celebrarás también la Fiesta de las Semanas, la fiesta de las primicias de la siega del trigo, y la Fiesta de la Cosecha al terminar el año."*
> **Éxodo 34:22**

La palabra hebrea *Shavuot* significa 'semanas' y se refiere al conteo de las siete semanas a partir del segundo día de la celebración de Pesach (Pascua). A este periodo se le llama 'Contar el Omer'. Shavuot es el único festival de peregrinación sobre el cual la Biblia no da una fecha específica para que sea celebrado.

Existen distintos nombres para el *Shavuot* tales como:

- *Jag Shavuo*t (Festival de las Semanas)
- Ja *jag Katsir* (Celebración de la Cosecha)
- *Yom ja Bikurim* (día de las primeras frutas)
- *Pentecostés* (Palabra griega que significa 'cincuenta')

Unas siete semanas después de su salida de Egipto, los israelitas recibieron la Torá en el Monte Sinaí. Luego de su llegada a la Tierra Prometida, cuarenta años después, el Shavuot pasó a estar conectado con la cosecha de granos. El período de cosecha comienza durante la Pesach, con la cosecha de la cebada, y termina con la cosecha de trigo, durante el Shavuot. La temporada de cosecha era por lo general una época de alegría.

Antiguamente, los campesinos judíos llevaban los primeros frutos al Tabernáculo, en Silo. En el período del primer y segundo Templo, las cestas eran llevadas al Templo en Jerusalén. El Bikkurim (primeros frutos) debía tener un fruto de cada una de 'las siete especies' - trigo, cebada, uva, higo, granada, oliva y dátiles Deuteronomio 8:7-8.

Cuando el primer fruto aparecía, el campesino amarraba un junco alrededor del fruto y declaraba 'este es el primer fruto'.

Al prepararse para ir a Jerusalén en peregrinación, la gente rica colocaba sus frutos en cestas de oro o de plata, mientras que los pobres usaban cestas de ramas de sauce. Los bueyes empujaban las carretas cargadas con las cestas. Los cuerpos de los animales eran pintados de dorado y se adornaban con guirnaldas de flores.

Las personas viajaban de todas partes del país hacia las ciudades seleccionadas, donde un líder de la asamblea local era responsable por los peregrinos. Para no convertirse en 'ritualmente sucia', la gente no entraba a las casas sino que optaba por dormir en las calles.

Al amanecer, los peregrinos se reunían y partían juntos - hacia Jerusalén - bailando y cantando "me regocijo con aquellos que me digan: *'Vamos a la casa del Señor'*" Salmo 122:1. Al llegar a la ciudad, los peregrinos cantaban con dicha: *"Nuestros pies están en tus puertas, Oh Jerusalén",* Salmo 122:2.

Los jerosolimitanos les daban la bienvenida diciendo: *"Nuestros hermanos de..., bienvenidos y ¡la paz sea con ustedes!".* Cargando las cestas en sus hombros (hasta el Rey tenía que cargar su propia cesta) la gente presentaba sus ofrendas a los sacerdotes. Cuando un peregrino presentaba su cesta al sacerdote, tenía que recitar: *"Mi padre era un arameo errante...",* Deuteronomio 26:5.

Las cestas se convertían en propiedad de los sacerdotes y de los Levitas, quienes representaban a los 'primogénitos' de los Israelitas. De pie uno al lado del otro, los pobres y los ricos se regocijaban en todas las cosas buenas que el Señor su Dios les había dado, a ellos y a sus hogares (ver Deuteronomio 26:11).

Bikkurim tiene la misma raíz que *bechor* (primogénito). La primera cosa de todo pertenecía a Dios - tanto hombres como animales. Israel fue el 'primogénito' de Dios y en reconocimiento de Su propiedad sobre la tierra y Su soberanía sobre la naturaleza, los primeros granos y frutas debían ser ofrecidos a Él.

En el Templo, los Levitas molían el trigo y lo convertían en harina, con la cual preparaban 'panes gemelos' fermentados, que eran horneados y consumidos por los sacerdotes. Esta era la única vez que se usaba la fermentación, todas las demás ofrendas de granos tenían que ser sacrificadas y quemadas sin leudar. Durante el *Shavuot* se tocaban trompetas y flautas ante el altar. Números 10:10.

Después de la destrucción del Primer y Segundo Templo, el énfasis principal pasó a ser el aniversario del recibimiento de la Torá en el Monte Sinaí. Debido a que los primeros frutos no se podían ofrecer más, los rabinos sugirieron reemplazar esta acción por caridad.

El Libro de los Jubileos (también llamado Leptogenesis, 'el Pequeño Génesis') es paralelo al Génesis y a partes del Éxodo. Entre el año 1947 y 1956, quince 'pergaminos del Jubileo' fueron encontrados en Qumrán. Probablemente escritos entre los años 135 - 105 A.E.C., estos pergaminos eran bien conocidos por los primeros escribas cristianos y rabinos. El libro de los Jubileos asocia Shavuot con el Pacto y la Torá; y los Pactos que Dios hizo con Noé y Abraham con la ofrenda de los primeros frutos.

Las iglesias Ortodoxas Orientales aún consideran el Libro de los Jubileos como una parte importante de la Biblia. El libro asocia el primer Shavuot con la aparición del primer arcoíris - el día en que Dios hizo un pacto con Noé.

Otros libros apócrifos, Tobit y el Libro II de los Macabeos, también mencionan la 'Fiesta de las Semanas'.

Celebraciones Modernas (Asquenazi) del Shavuot

Según esta tendencia del judaísmo: la Torá debe estar *reshit* (primero). Esto está vinculado a una serie de costumbres cuyas primeras letras forman la palabra *'aharit'* (último). Así, tenemos:

1. *Akdamot*
2. *Halav (leche)*
3. *Rut*
4. *Yerek (vegetación)*
5. *Torá*

1. *Akdamot* - Un poema litúrgico, leído en la sinagoga. Fue escrito por el rabino Meir bar Yitzchak de Worms (Alemania), cuyo hijo fue asesinado durante la cruzada del año 1096.

2. *Halav* (leche) - Los rabinos argumentaban que debido a que los israelitas no tenían tiempo de preparar carne para el Shavuot, ellos sólo consumían productos lácteos. Es una costumbre popular comer pastel de queso y *blintzes* (panquecas rellenas con queso) durante el Shavuot.

3. Rut - Después del servicio de la mañana, el pergamino de Rut es leído en las sinagogas porque describe los períodos de cosecha y cómo Rut se volvió parte del pueblo judío al aceptar la Torá. Los que se han convertido al judaísmo

son honrados en este momento. La tradición nos dice que el Rey David (que forma parte del linaje de Boaz y Rut) nació y murió durante el Shavuot. Mucha gente visita su tumba en el Monte Sion, en Jerusalén, durante esta festividad.

4. *Yerek* (vegetación) - Los hogares y sinagogas se decoran con follaje. La bimá* (plataforma) donde se realizan las lecturas de la Torá ahora luce como una *chupá** (toldo o dosel usado en las bodas). Moisés, el casamentero, trajo al pueblo judío (la novia) a la *chupá* (Monte Sinaí) para casarse con el novio (Dios). La Torá fue la *ketubah** (contrato de boda).

5. Estudio de la Torá - La costumbre de estudiar la Torá durante toda la noche fue iniciada en 1553 por un rabino cabalístico griego. Cada hora, un profesor diferente enseña un determinado tema y 'la noche pasa rápida como un sueño'. Las oraciones de la mañana son recitadas con la primera luz del alba, seguidas por el canto de los Diez Mandamientos. En honor al nacimiento y muerte del Rey David durante el Shavuot, sus Salmos también son leídos.

En la década de 1890, las celebraciones seculares de *Shavuot* fueron introducidas por los kibutz (granjas colectivas). Siendo comunidades
agrícolas, los primeros frutos de la producción
de cada kibutz se presentaban ante la comunidad e invitados en una ceremonia festiva.
Luego, productos manufacturados empezaron
a tener su lugar de honor en los desfiles. Sin
embargo, el momento cumbre era (y aún es)
cuando los padres presentan de manera orgul-
losa su 'cosecha' de bebés recién nacidos a la
comunidad.

La Tierra de Israel,
La bendición de su suelo,
Abraza al hogar del judío,
Donde sea que él viva.

Abba Kovner

El ayuno del Decimoséptimo de **Tamuz**
(*Shiv'ah Asar b'Tamuz*) ocurre por lo general a fines de junio o principios de julio.
Este día de ayuno menor conmemora la
destrucción de los Diez Mandamientos
por Moisés y también lamenta la ruptura
de los muros de Jerusalén antes de la destrucción del Segundo Templo. Además,
marca el inicio del período de luto de tres
semanas, que culmina con *Tisha B'Av.*

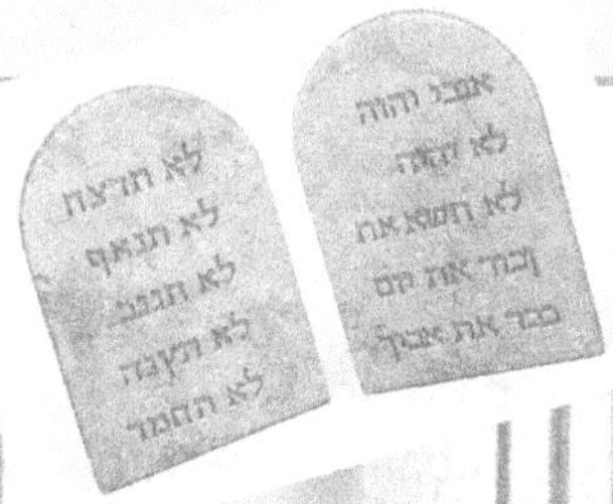

CAPÍTULO 17

TISHA B'AV – EL NUEVE DE AV

El noveno día de Av por lo general cae en medio de las vacaciones de verano, en agosto. En este solemne día, el pueblo judío conmemora las destrucciones de sus Templos con un ayuno de veinticuatro horas y oraciones. En Israel, la mayoría de los restaurantes y lugares de entretenimiento están cerrados este día.

A través de los años, *Tisha B'Av* ha sido un día oscuro en la historia judía. El Mishná menciona eventos específicos que ocurrieron:

◆ Este día, los doce espías regresaron a Moisés; diez de ellos con malas noticias sobre la Tierra Prometida.

◆ En el año 586 A.E.C., Nabucodonosor destruyó el Templo de Salomón y envió a los habitantes de Judea al Exilio Babilónico.

◆ En el año 70 E.C., el Segundo Templo fue destruido por los romanos y la gente de Judea se dispersó. Esto marcó el inicio del exilio judío de Eretz Israel.

◆ En el año 135 E.C., la revuelta de Bar Kojba contra los romanos fue aplastada y Betar fue destruida.

En años posteriores, se agregaron más desastres a la lista de conmemoraciones del Tisha B'Av. En este día:

◆ Todos los judíos fueron expulsados de Inglaterra en 1290.

◆ Los judíos fueron expulsados de España en 1492.

◆ El mismo destino les esperaba a los judíos de Viena, cuyo turno fue en el año 1670.

◆ La Primera Guerra Mundial empezó el nueve de Av de 1914, cuando Alemania declaró la guerra a Rusia.

En el periodo entre el diecisiete de *Tamuz* (julio) y el nueve de Av (agosto), los judíos religiosos no consumen carne, no toman vino (a excepción del Shabat), no usan ropas nuevas y no planifican eventos felices tales como bodas o dedicaciones de hogares. El ayuno de veinticinco horas se inicia al anochecer del nueve de Av.

En la sinagoga, el Arca que contiene la Torá se cubre con una funda negra y las luces son atenuadas. Usando sólo medias o pantuflas, no zapatos (de cuero), la gente se sienta en el piso o en bancos bajos. Como verdaderos dolientes, no se saludan con el tradicional 'Shalom'.

Se prohíbe el estudio de la Torá ya que es considerada una actividad alegre. Durante este día de ayuno, el libro de las Lamentaciones, Job y partes de Jeremías son leídos en la sinagoga. También se recitan oraciones especiales de duelo, kinot (escritas durante la Edad Media).

Los judíos ortodoxos creen que cuando venga el Mesías, *Tisha b'Av* será un día de celebración en vez de duelo.

> *"Así ha dicho el Señor de los ejércitos: Los ayunos del cuarto mes, y de los meses quinto, séptimo y décimo, serán para la casa de Judá motivo de gozo y alegría, y de gran celebración. Así que amen la verdad y la paz.", Zacarías 8:19.*

Un judío religioso nunca descartará su viejo libro de oraciones o desechará un pergamino de la Torá. Estos se mantienen en un lugar especial (*Geniza**) y por lo general son enterrados en *Tisha b'Av*.

CAPÍTULO 18

TU B'AV

Tu b'Av, el día quince (*Tet* = 9, *Vav* = 6; 9 + 6 = 15) del mes hebreo de Av, es uno de los feriados menos conocidos del calendario judío. Sin embargo, desde el establecimiento del Estado de Israel ha ganado popularidad.

A menos de una semana del doloroso duelo de *Tisha b'Av*, *Tu b'Av* es la festividad judía del amor. Así como *Hanukkah, Purim y Tisha b'Av*, es una adición rabínica (post-bíblica) al calendario de festividades. Tu b'Av ocurre en luna llena y, por lo tanto, está vinculado con el amor, la fertilidad y el romance.

La primera mención de *Tu B'Av* está en el Mishná*, donde dice: "no habrá mejores días de Israel que el decimoquinto de Av y *Yom Kipur,* ya que en estos días las hijas de Jerusalén saldrán vestidas de blanco y bailarán en los viñedos. Lo que estaban diciendo: hombre joven, considera a quién eliges (para ser tu esposa)." (Taanit 4:8). Según Rabban Shimon ben Gamliel (10 A.E.C. - 70 E.C.), en este día a las 'tribus de Israel se les permitió mezclarse unas con otras'. La celebración fue institucionalizada en la era del Segundo Templo para marcar el inicio de la cosecha de uvas, la cual terminaba en *Yom Kipur.*

El Talmud menciona otras conmemoraciones de *Tu B'Av:*

- En los días catorce y quince de Av, los Fariseos (judíos rabínicos) obtuvieron la victoria sobre los Saduceos.
- Miembros de la Tribu de Benjamín fueron admitidos nuevamente en la comunidad.
- La muerte de la generación que había salido de Egipto terminó.
- El Rey Oseas, del Reino del Norte, levantó todas las restricciones que el Rey Jeroboam impuso para prohibir el peregrinaje de los norteños hacia Jerusalén.
- Los romanos les permitieron a los judíos enterrar a los muertos que habían caído en Beitar.

En los tiempos bíblicos, las mujeres que iban a casarse danzaban en Silo, una comunidad en Samaria que fue la primera capital de Israel. Hoy en día, los judíos han retornada a las viñas de Silo. Nuevamente, las chicas solteras bailan en los viñedos escuchando serenatas.

Tu b'Av, el día del amor, es una fecha popular para celebrar bodas judías. Aunque es un día regular de trabajo, se llevan a cabo festivales de música y danza por todo el país.
Los israelíes envían cartas y flores a sus seres amados. Estas costumbres son respetadas por todos los segmentos de la sociedad israelí, sean religiosos o no.

Es Bueno Saber Que: La comunidad de Silo, en Samaria, realiza eventos especiales durante el *Tu B'Av,* que incluyen tours a pie a Tel Silo, el sitio donde se encontraba el Tabernáculo.

CAPÍTULO 19

LOS DÍAS SAGRADOS

"Habla con los hijos de Israel, y diles que el día primero del mes séptimo será para ustedes día de reposo, en el que al son de las trompetas deberán celebrar una santa convocación.", Levítico 23:24-25.

El mes hebreo de *Elul* (agosto /septiembre) es el mes de los 'días sagrados mayores'. El periodo entre *Rosh HaShaná* (Año Nuevo Judío) y *Yom Kipur* (Día de la Expiación) también se llama 'los diez días del temor', debido a la necesidad de introspección y arrepentimiento.

El *Rosh HaShaná* (literalmente 'cabeza del año') proclama el mes hebreo de Tishrei (septiembre/octubre). Tishrei es una palabra que en arameo significa 'comenzar'.

Se celebra durante dos días y es visto como el Día del Juicio. Durante el primer día se lleva a cabo el ritual *tashlich** ('tú arrojarás') en el cual los 'pecados' son simbólicamente arrojados al agua. La gente también arroja pan y guijarros.

Rosh HaShaná es un día de descanso, al igual que el Shabat. El sonido del *shofar** (cuerno de carnero) se usa para despertar a la gente de su 'sopor' y alertarlos del juicio que se avecina.

Los días de arrepentimiento se inician con el *Rosh HaShaná* y culminan con *Yom Kipur*. Los judíos religiosos creen que, aunque el juicio es pronunciado en *Rosh HaShaná,* durante los diez días siguientes pueden enmendar sus vidas y cambiar el juicio a su favor (por esta razón las personas son extremadamente amables durante estos días).

En las semanas previas a las celebración, las personas se saludan diciendo '*Shana Tova*' ('¡Un buen año!') o '*Shana Tova uMetuka*' ('¡Un dulce y buen año nuevo!'). A menudo agregan '*Gmar Hatima Tova*' ('¡Que estés inscrito en el libro de la vida!'), refiriéndose a *Yom Kipur,* Día de la Expiación.

Manzana y miel, simbolizando el dulce Año Nuevo, son siempre parte de la propuesta culinaria de este día. Otra comida simbólica es una cabeza de pescado ('cabeza' del nuevo año) y una jalá redonda (que simboliza el ciclo del año).

En tiempos antiguos, el *Rosh HaShaná* era también el inicio del año económico. El énfasis recaía en las zafras agrícolas y en los festivales de peregrinación (*Pesach, Shavuot y Sucot)*. En esos tiempos se celebraba solamente durante un día, a diferencia de la celebración moderna que se extiende por dos días.

El *Rosh HaShaná* es visto como el aniversario de la Creación de Dios. Durante este día, la humanidad pasa ante el creador como ovejas ante su pastor. Se abren tres libros - el Libro de la Vida, el cual sella a los honestos, que vivirán; ya los malvados están 'excluidos del Libro de los Vivos' (vea Salmos 69:29), mientras que aquellos que están 'en el medio' tienen hasta Yom Kipur para arrepentirse y convertirse en personas honestas.

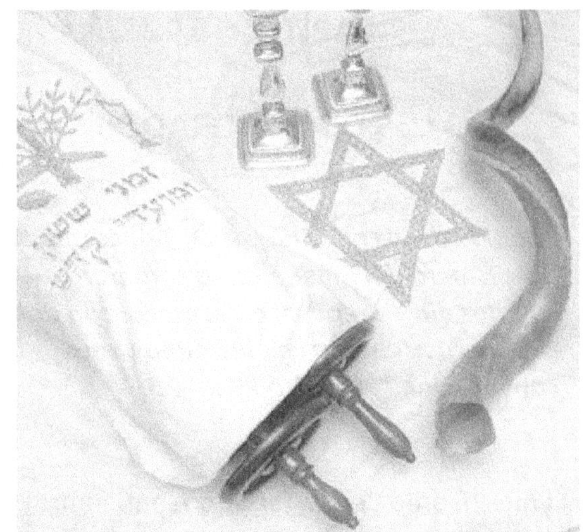

SEFER HAJAÍM
EL LIBRO DE LA VIDA

"Y el Señor le respondió: Borraré de mi libro al que peque contra mí. Tú ve y lleva ya a este pueblo al lugar que te he dicho. Mi ángel irá delante de ti. Pero cuando tenga que castigarlos por su pecado, los castigaré.", Éxodo 32:33.

En el judaísmo (y en el cristianismo) el Libro de la Vida (*Sefer Hajaím*) es el libro en el cual Dios registra el nombre de cada persona que irá al cielo.

Según el Talmud, el Libro de la Vida se abre durante el *Rosh HaShaná* junto con el Libro de los Muertos, donde los nombres de las personas malvadas están inscritos. En el Antiguo Testamento son encontradas muchas referencias al Libro de la Vida. Estar excluido del Libro de la Vida de Dios significa la muerte.

El libro de Salmos habla sobre el Libro de la Vida, en el cual sólo los nombres de los honestos están escritos: *"¡Bórralos del libro de la vida! ¡Que no queden registrados entre los justos!"*, Salmos 69:28.

Incluso las lágrimas de los hombres están inscritas en este Libro de Dios:
"Tú llevas la cuenta de mis huidas; tú has puesto mis lágrimas en tu redoma; más bien, las has anotado en tu libro.", Salmo 56:8.

El Libro de la Vida es probablemente idéntico al Libro de la Memoria, en el cual las acciones de aquellos que le temen al Señor son inscritas.
El Libro de Jubileos 30:20-22, habla de dos tablas celestiales o libros:
"Un Libro de Vida para los justos y un Libro de Muerte para aquellos que caminan en los caminos de la impureza y están escritos en las tablas celestiales como adversarios ".

En el Nuevo Testamento, el Libro de la Vida es mencionado en seis ocasiones.

"Todos los que no tenían su nombre registrado en el Libro de la Vida fueron lanzados al lago de fuego." Apocalipsis 20:15.

"Vi entonces de pie, ante Dios, a los muertos, grandes y pequeños. Unos libros fueron abiertos, y después otro más, que es el libro de la vida. Los muertos fueron juzgados conforme a sus obras y conforme a lo que estaba anotado en los libros." Apocalipsis 20:12.

Referencias Bíblicas

Libro de la Vida
Éxodo 32:32-33; Salmos 69:28;
Salmos 87:6; Daniel 12:1;
Lucas 10:20; Filipenses 4:3;
Revelación 3:5; 17:8; 20; 12-15; 21:27; 22:19.

Libro de la Memoria
Salmos 56:8; 139:16; Malaquías 3:16.

ROSH HASHANÁ
DÍA DEL TOQUE DE CORNOS

La palabra *Rosh HaShaná* no es mencionada en la Torá. En Levítico 23:24 se le llama "día de soplar los cuernos (shofarim)".
Ezequiel 40:1 lo llama *"el principio del año"*, mientras que la literatura rabínica lo llama el "día del juicio" y el "día de memoria".

Distintos 'Años Nuevos':

◊ **1º de Nissan** (marzo /abril) - "Año Nuevo Bíblico", después del Éxodo desde Egipto. Determinaba la duración del reinado de un rey y el inicio del calendario eclesiástico.

◊ **1º de Elul** (agosto /septiembre) - El inicio del año para el diezmo de animales para el Templo.

◊ **1º de Shevat** (enero /febrero) – Más tarde cambió para el día 15 (Tu beShevat) y fue llamado el "Año Nuevo de los Árboles". Se hacían cálculos para los diezmos de la cosecha de frutas.

◊ **1º de Tishrei** (septiembre /octubre) - Calendario Hebreo Civil y el comienzo de los contratos legales.

◊ **1º de Enero** - Año Nuevo en el calendario Gregoriano.

Shofar

En los tiempos bíblicos, el sonido del shofar marcaba el inicio de un *Rosh Jodesh* (nuevo mes). Era usado también como señal de alerta ante el peligro y para proclamar la inauguración de un nuevo reinado (nuevo rey). El *shofar* es símbolo del sacrificio de Isaac por parte de Abraham, en el cual el cordero se convirtió en el sustituto del sacrificio. El cuerno curvo simboliza al hombre inclinándose en sumisión ante Dios.

En ambos días de *Rosh HaShaná,* el shofar es soplado cien veces en la sinagoga y tiene tres sonidos distintos:

♦ **Shevarim** - se parece a un sollozo.
♦ **Terua** – nueve notas en staccato que se parecen a un lamento.
♦ **Tekia** - un sonido largo e ininterrumpido.

Prácticas Religiosas Durante esta Fecha

Muchos hombres ortodoxos usan un *kitel* (Yiddish). Esta túnica blanca también es usada por un novio en su boda, simbolizando la pureza. La misma túnica es frecuentemente usada como mortaja. Isaías 1:18 dice: *"Vengan ahora, y pongamos las cosas en claro. Si sus pecados son como la grana, se pondrán blancos como la nieve"*. Es un recordatorio de la túnica de lino blanca que usaba el Alto Sacerdote durante las ceremonias en el Templo.

Las personas visitan las tumbas de sus seres armados y oran por un buen año.

La *Tzedaká* * (caridad) es una forma de vida judía y una parte integral del Yom Kipur. Especialmente durante la temporada de festividades, la gente dona dinero a muchas organizaciones caritativas.

BENDICIONES DEL ROSH HASHANÁ

"Que sea tu voluntad, señor nuestro Dios y Dios de nuestros padres, que estemos llenos de mitzvot así como la granada (que está llena de semillas)."

"Que sea tu voluntad, señor nuestro Dios y Dios de nuestros padres, que nos des un año bueno y dulce como la miel."

EL SEDER DE *ROSH HASHANÁ*

El Seder de *Rosh HaShaná* r es realizado al inicio de la cena del Rosh HaShaná. La meta del Seder es ayudar a aquellos que están en la mesa a acercarse al arrepentimiento. Antes de comer cada comida, se recita una oración específica.

En cada plato especial hay comidas seleccionadas específicamente y cuyos nombres están relacionados con otras palabras hebreas que expresan deseos para el año que está llegando.

- Dátiles - "Que nuestros enemigos sean consumidos."
- Judías careta - "Que nuestros méritos se multipliquen."
- Ajo puerro - "Que nuestros enemigos sean diezmados."
- Remolachas - "Que nuestros adversarios sean removidos."
- Calabacín - "Que el señor destruya nuestra sentencia malvada."
- Granada - "Que estemos llenos de mitzvot, así como la granada (que está llena de semillas)."
- Manzana (cocida con azúcar) y miel - "Que el señor nos renueve un año dulce y bueno."
- Cabeza de oveja/carnero o pez - "Que nosotros seamos la cabeza y no la cola."

PENSAMIENTOS SOBRE LA *TZEDAKÁ* - LA CARIDAD

⇒ Una persona debe ser escrupulosa en el cumplimiento del mandamiento de hacer obras de caridad, ya que este es el signo de un descendiente de Abraham.

⇒ Israel será salvada a través de actos de caridad.

⇒ El mandamiento de la caridad es tan grande como persuadir a otro para que haga obras de caridad.

⇒ La caridad es una de las cosas de cuyas ganancias el hombre disfruta en este mundo, pero cuyo principio permanece en el mundo que vendrá.

⇒ La caridad es igual a todos los otros mandamientos combinados.

⇒ Todas las personas deben hacer obras de caridad: incluso aquel que depende de la caridad debe dar a aquellos que son menos afortunados que él.

⇒ Es mejor no hacer obras de caridad que hacerlo y avergonzar a la persona que la recibe públicamente.

⇒ Aquel que es generoso con los pobres le pide un préstamo a Dios. Nadie se empobrece nunca a través de la caridad.

⇒ No humille a un mendigo: Dios está con él.

LA CEREMONIA *TASHLICH*

El *Tashlich* * (arrojar) es una práctica judía antigua que aún se realiza durante la primera tarde del *Rosh HaShaná*. Cuando cae un Shabat, la ceremonia se pospone para el día siguiente. La costumbre deriva de Miqueas 7:18-20: 18 *"¿Qué Dios como tú, que perdona la maldad, y olvida el pecado del remanente de su heredad? No retuvo para siempre su enojo, porque se deleita en misericordia. 19 El volverá a tener misericordia de nosotros; sepultará nuestras iniquidades, y echará en lo profundo del mar todos nuestros pecados. 20 Cumplirás la verdad a Jacob, y a Abraham la misericordia, que juraste a nuestros padres desde tiempos antiguos."*

Aunque el *Tashlich* no es mencionado en el Talmud, su referencia más antigua aparece en Nehemías 8:1: *"Todo el pueblo se reunió como un solo hombre en la plaza que está frente a la Puerta de las Aguas, y le rogaron al escriba Esdras que llevara el libro de la ley de Moisés, que el Señor le había dado al pueblo de Israel"*. Es sabido que esta reunión se llevaba a cabo durante el *Rosh HaShaná*.

El *Tashlich* por lo general se realiza el primer día de *Rosh HaShaná*, pero puede ser realizado hasta el *Hoshaná Rabá* (el último día de Sucot), excepto en un Shabat. Se recitan versos especiales cerca de un cuerpo de agua tal como un mar, río, riachuelo, lago o laguna, preferentemente con peces. Cuando no había ninguno cuerpo de agua en las proximidades, algunos rabinos hacían el *Tashlich* cerca de un pozo de agua, incluso cuando el mismo estaba seco, o cerca de una cubeta de agua. Los hombres sacuden las esquinas del talit katan, o los bolsillos de sus abrigos o pantalones.

El objetivo del *Tashlich* es arrojar tanto los pecados como el fiscal celestial (Satán) al mar celestial. Sacudirse las ropas después de la oración del *Tashlich* es un acto tangible para alcanzar el objetivo espiritual de sacudir los pecados del alma.

La práctica varía dependiendo del país. Por ejemplo, los judíos en Kurdistán entran al agua para lavar sus pecados. Los hasídicos polacos colocaban paja flotando en el agua y luego la prendían fuego. Ellos creían que sus pecados serían simbólicamente alejados y quemados.

TZOM GUEDALIÁ
EL AYUNO DE GUEDALIÁ

"Pero en el mes séptimo Ismael, que era hijo de Netanías y nieto de Elisama, de la estirpe real, y otros diez hombres, fueron e hirieron de muerte a Gedalías, y con él a los de Judá y a los caldeos que estaban con él en Mispá. Entonces todos los del pueblo, desde el menor hasta el mayor, se levantaron y se fueron a Egipto, junto con los capitanes del ejército, por temor a los caldeos.", 2 de Reyes 25:25-26.

Tzom Guedaliá (el ayuno de Guedaliá), el tercer día de Tishrei (después de *Rosh HaShaná*), es un día para lamentar el asesinato del justo gobernador de Judea - Guedaliá. Este trágico evento marcó el fin del gobierno judío después de la destrucción del Primer Templo (véase Jeremías 41).

CAPÍTULO 20

YOM KIPUR – DÍA DE LA EXPIACIÓN

El Señor habló con Moisés, y le dijo: "El día diez del mes séptimo será el Día de la Expiación. Ese día celebrarán una convocación santa, y ayunarán y me presentarán una ofrenda encendida. Es el día de la expiación, en que se reconciliarán conmigo, así que ese día no harán ningún trabajo.", Levítico 23:26-28.

El Yom Kipur cae el día diez de Tishrei (generalmente entre septiembre /octubre).

Durante los tiempos del Templo, una semana antes del *Yom Kipur* el *Cohen Hagadol* (Alto Sacerdote) se iba a vivir a su recámara en el Templo para prepararse espiritual y físicamente para este día sagrado. Durante el *Yom Kipur* él debía hacer la expiación por todos los judíos alrededor del mundo. Este era el único momento del año en el cual entraba en la Santidad de las Santidades. Durante el *Avodá* (literalmente 'el servicio del Templo') el alto sacerdote tenía que cambiar sus vestimentas cinco veces - usando cada vez un conjunto de ropa diferente. Él también se sumergía en el *mikve**, lavaba sus manos y pies diez veces, sacrificaba dos corderos, un toro, dos cabras y dos carneros. Él ofrecía comida y libaciones de vino y hacía tres ofrendas de incienso. Durante este día, él tenía que trabajar más duro que todos los sacerdotes y levitas que estaban en servicio.

Hoy en día, los hombres ortodoxos judíos se sumergen en el *mikve** (baño ritual) el día antes de Yom Kipur. Los ultraortodoxos (haredim) tienen una costumbre, llamada *kaparot**, en la mañana anterior al *Yom Kippur.*

Mientras recitan versos bíblicos relacionados con la redención, un ave de corral viva es balanceada sobre la cabeza. El ave luego de esto es dada a los pobres. Muchos rabinos rechazan esta costumbre supersticiosa (un círculo es como un anillo mágico para cuidarse de los espíritus malignos).

Temprano en la tarde, todos los negocios judíos y tiendas son cerrados y el tráfico eventualmente se paraliza completamente. Los semáforos dejan de funcionar y no hay radio ni televisión a nivel nacional. Hasta el aeropuerto internacional Ben Gurion cierra su espacio aéreo temprano en la tarde. Cuatro horas después del final de la celebración, el aeropuerto reabre para aterrizajes internacionales. Los despegues se inician una hora después. De la misma manera, todos los puertos y cruces de frontera dentro y fuera del país cierran durante esta celebración. Como medida de seguridad, los cruces de Gaza, Judea y Samaria son cerrados hasta el final del día más sagrado del año.

Justo antes del atardecer, las calles se llenan con personas yendo a sinagogas próximas. Los niños con bicicletas o patines llenan las vías principales.

En las sinagogas alrededor del mundo, el cantor entona el cántico arameo Kol Nidrei* (todos los votos). Esta oración data de la época post-Talmúdica y la música fue compuesta a mediados de los siglos XV-XVI en el sur de Alemania. "Que todo el pueblo de Israel sea perdonado, incluyendo a los extranjeros que viven dentro de Israel, ya que todos los pueblos tienen culpa..."

A través del '*Kol Nidrei*' la gente le pide perdón a Dios por los votos que le prometieron a Dios y a la gente pero no pudieron cumplir. '*Al Het*' es la gran confesión de los pecados (ver las oraciones en la página 72).

Durante la Edad Media, los judíos alemanes reemplazaron el *Kol Nidrei* por recitaciones de Salmos, porque los antisemitas los acusaron de no ser confiables. La creencia de que los juramentos judíos no tenían valor incitó a muchos a una matanza.

Durante la Inquisición Española, cuando los judíos fueron forzados a convertirse al cristianismo, esta melodía conmovedora y evocadora se volvió aún más relevante.

El Día de la Expiación marca el final del llamado *Yamim Nora'im* (Días del Temor). Como símbolo de pureza, muchos judíos usan ropas blancas y caminan usando zapatos plásticos o pantuflas, siempre y cuando no estén hechas de cuero. Mucha gente permanece la mayor parte del *Yom Kipur* en la sinagoga, donde se realizan cinco servicios de oración, seguidos de letanías y peticiones de perdón.

Durante el día, las siguientes escrituras son leídas en la sinagoga:

- Levítico 16:1-34
- Números 29:7-11
- Levítico 18:1-30
- Isaías 57:14-58:14
- Miqueas 7:8-20
- El libro de Jonás

Incluso los judíos no religiosos tratan de guardar el ayuno de veinticinco horas. Durante el día más santo del año judío, la asistencia a la sinagoga por lo general se triplica.

Cuando se oculta el sol, muchos se reúnen en grupos en la sinagoga para la oración *Ne'ilá,* después de la cual el *Shema Israel* (véase la página 70) es recitado y el cuerno es soplado. Esto simboliza el cierre de los Libros de Dios, en los cuales están escritos los nombres de aquellos que vivirán o morirán el próximo año.

Por muchos siglos, fue costumbre marcar el fin del *Yom Kipur* soplando el *shofar* en el Muro de los Lamentos, en Jerusalén. Esta costumbre fue restaurada en 1967, con la reunificación de Jerusalén.

La mayoría de las personas termina su ayuno de Yom Kipur con una comida festiva. Poco después, el sonido de martillos se puede escuchar por toda la ciudad, ya que muchos judíos religiosos empiezan a construir su *suká** (tabernáculo) para la Fiesta de los Tabernáculos.

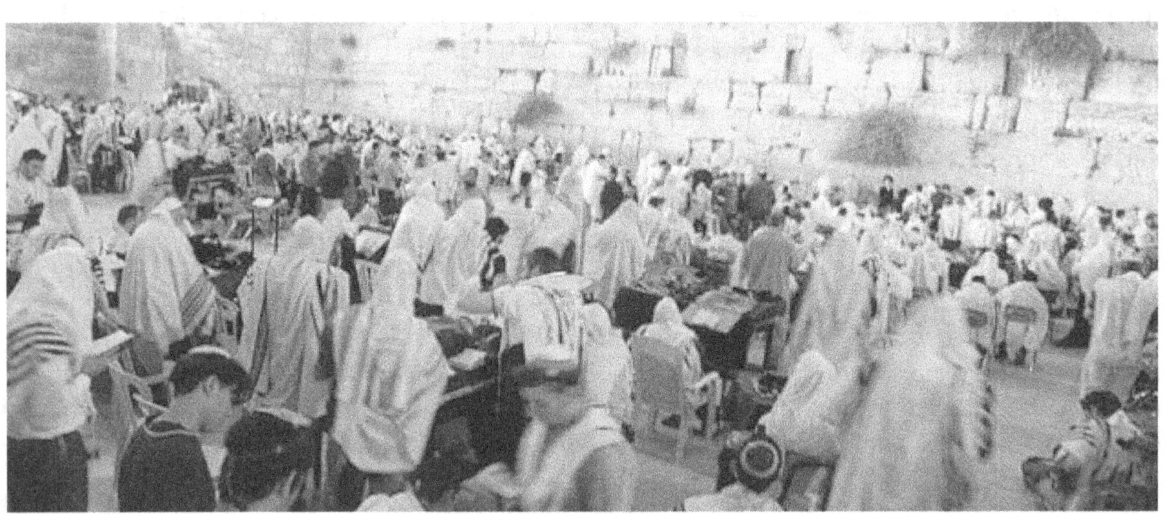

SHEMA YISRAEL -
ESCUCHA, (OH) ISRAEL

El 'Shema Yisrael', por lo general abreviado como 'Shema', es una oración que sirve como pieza central de los servicios de oración judíos de la mañana y la tarde. El *Shema Yisrael* comprende Deuteronomio 6:4-9; 11:13- 21 y Números 15:37-41.

"El más importante es: "Oye, Israel: el Señor, nuestro Dios, el Señor es uno." Y "amarás al Señor tu Dios con todo tu corazón, y con toda tu alma, y con toda tu mente y con todas tus fuerzas.", Marcos 12:29-30.

Las tres porciones se relacionan con asuntos centrales de la creencia judía. El 'Shema' es una de las oraciones del Antiguo Testamento citadas en el Nuevo Testamento.

◊ **Shema** - escucha u oye y haz o acepta
◊ **Yisrael** - Israel, en el sentido de la gente o congregación de Israel
◊ **Adonai** - a menudo traducido como 'SEÑOR' y se lee en lugar de YHWH
◊ **Eloheinu** - el plural de la primera persona posesiva de Elohim (nuestro Dios)
◊ **Echad** - el número cardinal uno

Los judíos religiosos enseñan a sus hijos a recitar el 'Shema' por la noche, antes de irse a dormir. Cuando el famoso rabino Akiva fue torturado a muerte, él recitó el 'Shema' y usó su último suspiro para decir 'Echad' (uno). Desde entonces ha sido una tradición para todos los judíos recitar el *Shema* cuando saben que van a morir.

KOL NIDREI - TODOS LOS VOTOS

*"Todos los votos y prohibiciones
y juramentos y consagraciones,
y konams y konasi
y cualquier término sinónimo
que puedan prometer o jurar
o consagrar
o prohibirse
desde el día previo de expiación y hasta
este día de expiación,
y desde este día de expiación hasta el
siguiente día de expiación nos beneficiara
con respecto a ellos, los repudiamos.
Todos están sin terminar, abandonados,
cancelados, nulos y vacíos, sin fuerza y sin
esfuerzo. Nuestros votos ya no son votos,
y muchas prohibiciones ya no son prohibiciones, y nuestros juramentos ya no son
juramentos."*

AL JET - POR EL PECADO (fragmento)

Estas son las palabras de apertura de la 'gran confesión de los pecados', recitada nueve veces durante el Yom Kipur. Cada línea se inicia con las palabras 'al jet' - 'por el pecado... '

*"Por el pecado que hemos cometido ante ti bajo la coacción de nuestra propia voluntad.
Y por el pecado que hemos cometido ante ti al endurecer nuestros corazones.
Por el pecado que hemos cometido ante ti inconscientemente.
Y por el pecado que hemos cometido ante ti por lo que han dicho nuestros labios.
Y por el pecado que hemos cometido ante ti por no ser puros.
Y por el pecado que hemos cometido ante ti en público y en privado..."*

CAPÍTULO 21

SUCOT - LA FIESTA DE LOS TABERNÁCULOS

"El primer día tomarán ramas con frutos de los mejores árboles, es decir, ramas de palmeras, de árboles frondosos, y de sauces de los arroyos, y durante siete días harán fiesta en mi presencia. Esta fiesta de siete días en mi honor la deben celebrar cada año. Es un estatuto perpetuo para todos sus descendientes, y la celebrarán en el mes séptimo. Durante siete días todos ustedes, los que hayan nacido en Israel, vivirán en tabernáculos.", Levítico 23:40-44.

El *Sucot* empieza el decimoquinto día de *Tishrei,* la fecha de la primera luna llena después del equinoccio de otoño (septiembre / octubre). Durante esta 'temporada para nuestro regocijo', las personas judías comen sus comidas en un tabernáculo o pabellón, cubierto con ramas pero con una apertura al cielo en recuerdo al deambular desde Egipto a la Tierra Prometida.

El *Sucot* (Fiesta de los Tabernáculos) es uno de los tres festivales de peregrinación ordenados por Dios. Las personas tenían que ir a Jerusalén para celebrar la fiesta en el Templo.

"Tres veces me celebraréis un banquete en el año: celebraréis la Fiesta de los Panes sin Levadura ... en el tiempo señalado en el mes de Abib ... y la Fiesta de la Cosecha, las primicias de vuestros trabajos que habéis sembrado El campo, y la fiesta de la recolección al final del año, tres veces en el año todos sus machos aparecerán ante el Señor DIOS." Éxodo 23:15-16.

Siendo él un judío religioso, Jesús celebró el *Sucot.*

"Como ya estaba cerca la fiesta de los judíos, la de los tabernáculos... Los judíos lo buscaban en la fiesta, y decían: « ¿Y dónde está ése?»... A la mitad de la fiesta, Jesús fue al templo y comenzó a enseñar.... Y los judíos se asombraban, y decían: « ¿Cómo es que éste sabe de letras, sin haber estudiado?»... En el último y gran día de la fiesta, Jesús se puso en pie y en voz alta dijo: «Si alguno tiene sed, venga a mí y beba. Del interior del que cree en mí, correrán ríos de agua viva, como dice la Escritura.»", Juan 7:2, 11, 17, 14, 37-38.

Las tres fiestas de peregrinación - *Pesach* (Pascua), *Shavuot* (Pentecostés) y *Sucot* (Tabernáculos) tienen un significado tanto histórico como agrícola.

Debido a que el *Sucot* ocurría durante la cosecha de otoño, también era observado como un evento agrícola. Oraciones pidiendo lluvia eran recitadas durante esta festividad.

En Israel, el primero y el último día son celebrados como festividades (al igual que el Shabat); el 'Octavo Día de la Asamblea Solemne' es celebrado como *Simchat Torá* (regocijo de la ley). A la gente se le permite trabajar durante el *Jol Hamo'ed* (días intermedios), pero la estructura del festival se mantiene. Se cierran las escuelas y muchas familias disfrutan de la festividad juntas, planificando salidas, visitando a otros familiares o recibiendo invitados en su *Suká.*

Los distintos nombres que son usados para referirse al festival son:

- *Jag Ha'asif* (Fiesta de la Reunión de las Cosechas)
- *Jag Hasucot* (Fiesta de los Tabernáculos)
- *Jag* (El Festival) - un nombre popular entre los rabinos, sugiriendo que el Sucot era la festividad por excelencia.
- *Zeman Simchatenu* (La Temporada de Nuestro Regocijo) - refiriéndose al mandato de la biblia de "estar alegres".

Guardar el *Sucot* implica 'morar' en la *suká*. El concepto de acción de gracias por la cosecha es algo central, es simbolizado por las frutas (reales o artificiales) que decoran los *sukot* (una *suká,* dos *sukot*).

Algunos dicen que los padres peregrinos de Norteamérica fueron influenciados por la celebración del *Sucot,* del cual proviene el Día de Acción de Gracias.

Un ítem simbólico importante del festival son las *Arba Minim** (cuarto especies). Estas son mantenidas juntas y agitadas en diferentes momentos de los servicios religiosos. Las cuatro especies son *lulav* (rama de palma), *etrog* (cidra), *hadasim* (tres ramas pequeñas de mirto) y *aravot* (dos ramas de sauce). Combinadas, se llaman el *Lulav **

Lecturas bíblicas durante el *Sucot*:

- El Hallel completo (Salmos 113-118), recitado cada mañana.
- Levítico 22:26-23:44.
- Números 29:12-31.
- Zacarías 14:1-21.
- 1 de Reyes 8:2-21.
- Éxodo 33:12-34:26.
- Ezequiel 38:18 - 39:16.
- El libro de Eclesiastés

SIMCHAT BEIT HASHOEVA CEREMONIA DE DERRAMAMIENTO DE AGUA

"Sacaréis con gozo aguas de las fuentes de la salvación." Isaías 12:3

La antigua ceremonia de derramamiento de agua está prescrita en Deuteronomio y también es mencionada en la *Mishná**. Durante el período del Templo, al final del primer día del *Sucot*, lámparas doradas inmensas eran encendidas en la corte del Templo, iluminando toda Jerusalén. Usando arpas, liras, tambores, trompetas y muchos otros instrumentos, los Levitas lideraban a los judíos reunidos al ritmo de las canciones. El ritual de derramamiento de agua empezaba con danzas y regocijo y continuaba durante toda la noche. Los peregrinos observaban y participaban de la jubilosa celebración.

En la mañana siguiente, varios peregrinos acompañaban a un grupo de Levitas y sacerdotes hasta la piscina Shiloah (Siloé) de Jerusalén. Tocaban instrumentos musicales y cantaban canciones bíblicas, tales como las bien conocidas *'Sacarás agua con alegría de los pozos de la salvación'*.

Después que el agua era extraída con una vasija dorada, la multitud feliz subía hasta el Templo, cantando y danzando todo el tiempo. Llevando la vasija dorada, el Alto Sacerdote vertía el agua en uno de los dos cuencos de boca estrecha. El otro cuenco contenía vino. El sacerdote sostenía el cuenco con agua elevado hacia el oeste (de donde provenían las lluvias) y el cuenco de vino hacia el Este. Los peregrinos reunidos observaban como los líquidos caían de las bocas de los cuencos como gotas de lluvia.

Cada día, un grupo de peregrinos descendía para llegar a Motsa, una villa pequeña cerca de Jerusalén, para cortar ramas de sauce. Éstas eran usadas para decorar el altar del Templo. Cada día el altar era circundado una vez por personas sosteniendo el *lulav** y recitando oraciones de *Hoshana.*

Durante el último día de *Sucot*, el altar era circundado siete veces, después de lo cual se golpeaban las ramas de sauce hasta que cayeran las hojas - representando las gotas de lluvia.

También simbolizaba el hecho de que los sauces absorbían mucha agua pero no producían un fruto comestible - era un desperdicio de agua. Destruir las ramas era un gesto simbólico de preservación del agua. Otros creían que las hojas cayendo simbolizaba el deshacerse de los pecados.

Hoy en día, las ceremonias especiales de 'derramamiento de agua' continúan siendo celebradas en Jerusalén en los días intermedios del Sucot.

Las reuniones de música y danza del *Simchat Beit Hashoeva* se llevan a cabo en sinagogas, *yeshivás** o lugares de estudio. Se sirven refrigerios en las suká contiguas. En los círculos ortodoxos, una pared divisoria separa a los hombres de las mujeres durante las festividades, las cuales empiezan al final de la tarde y por lo general siguen hasta la noche.

Una interpretación hasídica está inspirada en la falta de sabor del agua. El sabor y el gusto son representados en hebreo por la palabra *'ta'am'*, la cual también puede significar *'razón'*. Verter agua en el altar simbolizaba y celebraba el amor incondicional de los judíos por Dios y su juramento de servirlo independientemente de si entendían (o no) la lógica detrás de los mandamientos.

En los primeros siete días del festival, se lleva a cabo una procesión en la sinagoga, mientras que las oraciones de Hoshanot son recitadas y se entonan himnos. El *'ho-sha-na'* (sálvanos, oramos) nos recuerda la ceremonia en los tiempos del Templo, cuando circuitos diarios eran realizados alrededor del altar.

BIRKAT COHANIM

*»¡Que el Señor te bendiga, y te cuide!
¡Que el Señor haga resplandecer su rostro
sobre ti, y tenga de ti misericordia! ¡Que el
Señor alce su rostro sobre ti, y ponga en ti
paz!. Números 6:24-26.*

La *Birkat Cohanim** (bendición sacerdotal)
tiene lugar temprano en la mañana del lunes y
el jueves de los días intermedios, en el Muro
de los Lamentos, en la Ciudad Vieja de
Jerusalén. Cientos de *Cohanim* (cuyo nombre
de familia indica que pertenecen al linaje
sacerdotal de Aarón) dan la bendición aarónica
de Números 6:24-26 cubiertos con sus talits
(chales de oración).

La bendición sacerdotal también se conoce
como el levantamiento de manos (nesiat
kapayim) o *dukhanen* (de la palabra Yiddish
dukhan - plataforma - ya que la bendición es
dada desde un estrado alto).

*"Que el SEÑOR (YHWH) te bendiga y te guarde,
Que el señor haga que Su cara emita una luz
sobre ti y que sea benévolo contigo,
Que el señor levante su cara y te de paz."*

Durante el séptimo día de *Sucot*, se lleva a
cabo el *Hoshaná Rabá** (el Gran Hoshaná),
marcando tradicionalmente el final de la
temporada solemne. Los llamados 'días
solemnes' se refieren al período que comienza
con el *Rosh Hashaná* (Año Nuevo Judío) y
también incluye el *Yom Kipur* (Día de la
Expiación).

Los judíos askenazi usan un *kitel** durante esta
época (palabra Yiddish para 'bata'). Es una
vestimenta amplia y suelta que se usa en
ocasiones solemnes y en las festividades
principales. El color blanco se asocia con la
expiación y la pureza.

Durante el octavo día, se recita la 'Oración por
la Lluvia', esencial para un año fructífero. Las
oraciones por la lluvia comienzan con el *Sucot*
y continúan hasta la Pascua, la cual coincide
con el fin de la estación lluviosa en Israel.

LOS DISTINTOS TIPOS DE LLUVIA

La *joreh* - primera lluvia después de un
verano largo y seco. Cae por lo general a fines
de octubre o comienzo de noviembre.
Siempre es un motivo de dicha y gratitud, ya
que permite que los campos puedan ser ara-
dos y preparados para las cosechas del
próximo año.
Geshem - lluvias de invierno, usualmente
caen entre mediados de diciembre y marzo.
Melkosh - lluvias tardías (de primavera). Son
necesarias para cultivar la cebada y los granos.

*"Si ustedes obedecen con todo cuidado
los mandamientos que hoy les mando
cumplir, y si aman al Señor su Dios y le
sirven con todo su corazón y con toda su
alma, yo enviaré a su tierra la lluvia a su
tiempo, tanto la lluvia temprana como la
tardía, y ustedes cosecharán su grano, su
vino y su aceite."*

Deuteronomio 11:13-14.

Los Judíos y los Gentiles Celebrando el Sucot

"Todos los sobrevivientes de las naciones que ata-caron a Jerusalén vendrán todos los años para ado-rar al Rey, al Señor de los ejércitos, y para celebrar la Fiesta de los Tabernáculos. Y sucederá que a las familias de la tierra que no hayan acudido a Jeru-salén para adorar al Rey, el Señor de los ejércitos, no les caerá nada de lluvia. Y si los egipcios no acu-den a Jerusalén, tampoco sobre ellos caerá lluvia; al contrario, les vendrá la plaga con que el Señor castigará a las naciones que no acudan a celebrar la Fiesta de los Tabernáculos." Zacarías 14:16-19.

Según la biblia, en el Reino Milenar, las naciones de gentiles tendrán que venir a Jerusalén para celebrar el *Sucot* y así ser bendecidos con lluvia. A pesar de que esto ahora no es un mandamien-to, muchos cristianos celebran la Fiesta de los Tabernáculos. Por más de treinta años los cristi-anos han ido a Jerusalén a celebrar la Fiesta de los Tabernáculos. La Embajada Internacional Cristiana patrocina la celebración anual que atrae a miles de personas de todas partes del mundo.

Símbolos del Sucot

◊ La *suká* representa el estado frágil del ser humano y la necesidad de la pro-tección divina de Dios.

◊ Cada una de las cuatro especies crecen cerca de fuentes de agua y la mayoría de ellas se pueden recuperar luego de un incendio.

◊ Los judíos religiosos creen en la impor-tancia de estar enraizados en la palabra y obteniendo agua de la Fuente. Incluso después de experimentar "incendios" en sus vidas, los nuevos retoños cre-cerán del árbol aparentemente de-vastado.

El Año Judío

El número de años en el Calendario Judío representa la cantidad de años desde la creación, calculada sumando las edades de las personas mencionadas en la Biblia des-de la época de la creación. El año Gregoria-no 2012, corresponde al año Judío 5772. Los judíos no usan las siglas '"A.C.' o 'D.C.' para referirse a los años del calendario, ya que 'D.C.' significa 'Después de Cristo'. En vez de eso usan E.C. (Era Común) y A.E.C. (Antes de la Era Común).

Es Bueno Saber Que:

Inmediatamente después de *Yom Kipur*, las personas empiezan a construir los marcos de la suká en sus balcones, azoteas, patios y aceras. La municipalidad suministra las hojas de palma para los techos. En todas partes encontrará puestos vendiendo decoraciones (de Navidad) para la *suká.* Caminar por Mea Sharim o algún otro vecindario ortodoxo será una experiencia que va disfrutar.

SHMITÁ - EL AÑO SABÁTICO

"Sembrarás tu tierra y recogerás tu cosecha durante seis años, pero el séptimo año la dejarás sin sembrar, para que de ella coma la gente pobre de tu pueblo, y los animales del campo se coman lo que quede. Lo mismo harás con tu viña y con tu olivar."

Éxodo 23:10-11

Dios ordenó que el año *Shmitá* (o *shevi'it* - séptimo año) fuera de justicia social y bondad con los animales (Levítico 25:1-7). También debía ser un *"Shabat para Dios"* (Levítico 25:1-7) y un *" Shabat para la tierra"*, durante el cual se podría renovar a sí misma. Las deudas también serían perdonadas (Deuteronomio 15:1-6) y los pobres recibirían una nueva oportunidad de empezar de nuevo.

La Torá prohíbe plantar árboles y vegetales, podar y cosechar durante el año *sabático*. Sin embargo, los árboles pueden ser regados si el no regarlos implicaría su muerte.

Las frutas y plantas que crezcan durante el año sabático son llamadas *hefker**. Pertenecen a todos y a nadie y está prohibido ahuyentar animales salvajes del sembradío si desean comer. Un judío puede comer fruta de un árbol durante el año sabático pero no tiene permitido venderlas o llevarlas a casa.

En Levítico, Dios promete expresamente que él bendecirá el sexto año con abundantes productos agrícolas, si el pueblo de Israel tiene suficiente fe como para guardar el año sabático. No todos tienen tanta fe. El exilio babilónico estuvo directamente conectado con esta falla de no guardar el año sabático. Según la Torá, durante el exilio "la tierra tendrá su Shabat".

Durante los tiempos Talmúdicos fue muy difícil guardar el año sabático. Hillel (110 A.E.C. - 10 E.C.) instituyó el sistema Prosbol, que significaba que el acreedor escogería a la corte para que recolectase sus deudas. Hillel fue criticado por eludir la ley, la cual sólo se aplicaba a individuos comunes. Cuando los judíos regresaron a Israel después del *galut** (exilio), la cuestión del *Shmitá* se volvió relevante nuevamente. Antes del año sabático de 1889, los campesinos judíos recibieron permiso para vender su tierra a un gentil durante el periodo prescrito, para que de esa manera continuara productiva. Muchas autoridades ortodoxas se opusieron a esta solución. Hoy en día, algunos campesinos ortodoxos usan cultivos hidropónicos durante el año sabático (los hidropónicos son una subcategoría de los hidrocultivos y es un método de cultivar plantas usando soluciones de nutrientes minerales en agua, sin tierra).

Hay muchos campesinos israelíes que guardan el Shmitá completamente, cumpliendo la ley sin buscar brechas en el Halachá*. Estos campesinos permanecen completamente inactivos y no ganan nada de dinero durante el año sabático.

Fondos especiales son creados por amables donantes para ayudar a los granjeros a guardar este *mitzvah*. El año 5768 (2007-2008) fue un año Sabático. El 2021 (5789) será el comienzo del siguiente año *Shmitá*.

CEREMONIA *HEKHAL O HACHEL*

*"Luego, Moisés les dio la siguiente orden: «Cada siete años, en el año de la condonación de deudas y durante la Fiesta de los Tabernáculos, cuando todo Israel se presente delante del Señor tu Dios en el lugar que él escoja, leerás esta ley en voz alta, a oídos de todo Israel. Congregarás a todo el pueblo, es decir, a hombres, mujeres y niños, y a los extranjeros que vivan en tus ciudades, para que oigan y aprendan, y teman al Señor su Dios, y se dediquen a cumplir todas las palabras de esta ley. Así, los hijos de ellos que no conocieron esta ley la oirán, y aprenderán a temer al Señor su Dios todos los días que vivan en la tierra al otro lado del Jordán, que es adonde se dirigen para tomar posesión de ella.»",
Deuteronomio 31:10-13.*

*Hachel** se refiere a la costumbre, basada en la práctica ordenada por la Biblia, de reunir a todos los hombres, mujeres y niños para escuchar la lectura de la Torá realizada por el Rey de Israel una vez cada siete años.

Originalmente esta ceremonia se llevaba a cabo en el sitio del Templo, en Jerusalén, durante el Sucot, en el año siguiente al Séptimo Año. Según la *mishná**, el "mandamiento de reunirse" fue cumplido durante los años del Primer y Segundo Templo. Después de la destrucción del Templo y la dispersión de los judíos de su tierra, este mandamiento se dejó de practicar. Sin embargo, en el siglo XX, el mismo fue revivido por el gobierno de Israel y por grupos de judíos religiosos.

La primera ceremonia oficial israelí de *Hachel* se llevó a cabo durante el *Sucot* de 1945, el año posterior al sabático. Desde entonces, se han llevado a cabo ceremonias similares, presididas por oficiales del gobierno israelí, cada siete años. Algunas veces el presidente de Israel preside la ceremonia; en otras ocasiones, rabinos reconocidos lideran la ceremonia en el *Kotel* (Muro de los Lamentos), en Jerusalén.

YOVEL - AÑO DEL JUBILEO

El *Yovel** - Año del Jubileo - es el año al final de siete ciclos de *Shmitá* (años Sabáticos). Según las regulaciones bíblicas, este año tiene un impacto especial en la propiedad y administración de la tierra en *Eretz Israel*. Algunos discuten si sería el cuadragésimo noveno año (el último año de siete ciclos sabáticos, llamado el *Shabat del Shabat*), o el año siguiente (quincuagésimo año). El sagrado quincuagésimo año es un tiempo de libertad y celebración, en el que todos recibirán su propiedad de vuelta y los esclavos regresarán a casa, a sus familias (véase Levítico 25:10).

Las reglas bíblicas que trataban sobre los años Sabáticos (*Shmitá*) aún son cumplidas por varios religiosos judíos en Israel, pero las regulaciones para el año del Jubileo no han sido observadas por muchos siglos.

CAPÍTULO 22

SIMCHAT TORÁ – SHEMINI ATZERET - REGOCIJÁNDOSE CON LA LEY

Me regocijo en tu palabra
Como el que halla muchos despojos.
Salmo 119:162

Simchat Torá (Regocijándose con la Ley) es celebrado en el octavo día de *Sucot.* En la diáspora se celebra un día después. Simchat Torá marca la conclusión del ciclo de lectura anual de la Torá y el inicio de un nuevo ciclo.

Durante los tiempos del Templo, se ofrecían setenta sacrificios durante los siete días del Sucot - más que en cualquier otra celebración. Algunos creen que era un hecho de gratitud por una cosecha exitosa, que a su vez se unía con una oración por la abundancia en el siguiente año. Los estudios del Talmud creen que los setenta sacrificios eran para darle mérito a las setenta naciones proverbiales del mundo. Hoy en día, los congregantes oran por las naciones gentiles.

Los rabinos han tratado de responder por qué Dios les ordenó un octavo día, cuando Él estipuló que el *Sucot* duraría sólo siete. Según ellos, Dios le pidió a su pueblo que se quedara con Él por un día más.

La práctica del ciclo anual de lectura fue establecida entre los siglos VI – XI E.C. y, por lo tanto, no es mencionada en el Talmud.

En la Edad Media, algunas comunidades encendían hogueras usando las partes desmanteladas y desechables de la *suká.*

En la noche del *Simchat Torá,* todos los pergaminos de la Torá se sacan del *Arca** y se cargan alrededor de la *bimá** (plataforma donde se encuentra el lector). Esta es la única noche del año en que se hace esto. Durante la procesión realizada siete veces (*hakkafot **) se entona un canto especial. Cada procesión es separada por un interludio de canto y danza, en el cual la gente que carga los pergaminos de la Torá es acompañada por los demás. Los niños cargan banderas de *Simchat Torá* o pergaminos en miniatura.

Algunas congregaciones leen Deuteronomio 33:1-17; es la única vez que la lectura de la Ley se lleva a cabo al anochecer.
Durante el servicio matutino, se lleva a cabo otra procesión repetida siete veces, seguida por la lectura de Deuteronomio 33 y 34. Es costumbre que todos los hombres sean llamados para la lectura de la Ley. Algunas sinagogas permiten que tanto hombres como mujeres puedan subir a la *bimá.*

Durante la ceremonia *Kol Hane'arim* (Llamando a los Niños), los niños se mantienen juntos bajo un gran chal de oración de lana, mientras se recita la bendición de Jacob: *"Bendijo entonces a José con estas palabras: «Que el Dios en cuya presencia anduvieron mis padres Abrahán e Isaac, el Dios que me ha guiado toda mi vida y hasta el día de hoy, el Ángel que me libra de todo mal, bendiga a estos jóvenes. Que mi nombre sea recordado por medio de ellos, junto con el nombre de mis padres Abrahán e Isaac. Y que se multipliquen* grandemente en medio de la tierra.", Génesis 48:15-16.
La última sección del Pentateuco es reservada

para el *Jatan Torá* (Novio de la Ley). Después que el congregante honrado termina la lectura, la congregación dice en voz alta: *"Hazak, hazak, ve'nithazek"* (¡Se fuerte, se fuerte y danos fortaleza!).

Ahora, un segundo pergamino (Génesis) es tomado y el ciclo de lectura comienza nuevamente. La persona honrada en leer el Génesis se llama *Jatan Bereshit** (Novio del Inicio). Una tercera persona, el *Maftir**, es llamada para realizar la lectura profética de Josué, Capítulo 1.

En el pasado, los dos 'novios' tenían que proveer un buen festín para toda la congregación, pero hoy en día sólo se sirve vino y comida ligera.

En Israel, es costumbre llevar a cabo otra hakkafot al aire libre la noche siguiente al *Simchat Torá.* En las sinagogas, la Torá se lee durante el Shabat, en la mayoría de las festividades y en las mañanas del lunes y el jueves.

Esta costumbre data de tiempos antiguos, cuando la mayoría de los judíos eran campesinos o pastores. Era en esos días que traían sus productos al mercado. Después de realizar las ventas, los hombres se reunían para leer la Torá.

CAPÍTULO 23

HANUKKAH
LA FIESTA DE LA DEDICACIÓN

Hanukkah cae el vigésimo quinto día de Kislev (diciembre). Debido a que este festival coincide con la Navidad, se le llama a manera de broma *'Hanunavidad'*.

Cuando en el año 175 A.E.C., Antioco Epifanes se convirtió en Rey de Siria, todos los ciudadanos tuvieron que adoptar la religión y la cultura griega. En Judea, el cumplimiento del *Sabbath* era algo fuera de la ley, las leyes *kosher* y la circuncisión estaban prohibidas y aquellos que fuesen encontrados practicando el judaísmo eran asesinados. Al sacrificar cerdos en el altar y erigir una estatua de Zeus, el Templo de Jerusalén fue profanado. Algunos judíos cumplieron con los decretos de Antioco.

Otros se convirtieron en creyentes en secreto o en mártires.

En el año 167 A.E.C., Matatías, el anciano y sacerdote de Modi'in, se rehusó a matar y comer la carne del cerdo de sacrificio de los griegos. Cuando alguien se ofreció a hacerlo en su lugar, Matatías se molestó tanto que lo mató. En la revuelta que se armó, los soldados fueron asesinados por Matatías, sus cinco hijos y algunos aldeanos. Junto a un grupo de personas que eran fieles al Señor, Matatías se escondió en las colinas del Desierto de Judea. Desde allí, llevaron a cabo ataques de guerrilla en contra de los griegos. Después de la muerte de Matatías, Judá se convirtió en el líder militar. Su sobrenombre 'el macabeo' probablemente deriva de un acrónimo: *'mi kamocha ba'elim adonai'* - 'Quien es como tú ante los dioses, Oh SEÑOR".

Aunque el templo de Jerusalén fue liberado por los Macabeos en el año 164 A.E.C, fue recién en el año 142 A.E.C. que finalmente se logró la independencia de Judea.

Como único sobreviviente de la familia, el hermano de Judá (Simón) se convirtió en el Alto Sacerdote y gobernante. Este fue el comienzo de la Dinastía Hasmonea, que continuó hasta la ocupación romana de Judea, en el año 63 A.E.C.

*Hanukkah (*dedicación) se refiere a la re-dedicación y limpieza del Segundo Templo en el año 164 A.E.C. Sólo había un día de suministro de aceite de oliva puro (*kosher**) para iluminar la *Menorá** del Templo (el candelabro de siete brazos). La *Menorá* fue encendida y, milagrosamente, permaneció encendida por ocho días.

En los tiempos de Jesús, la Hanukkah era llamada la 'Fiesta de la Dedicación'.
"Era invierno, y en Jerusalén se estaba celebrando la fiesta de la dedicación. Jesús andaba en el templo, por el pórtico de Salomón.", Juan 10:22-23.

El Templo en Jerusalén era el símbolo religioso y nacional de los judíos. Después de su destrucción, el foco religioso se desplazó a la sinagoga. Los rabinos mencionaban 'la leyenda del aceite' (el milagro que mantuvo la menorá del templo encendida por ocho días). Como un recordatorio visual y esperanzador de que los milagros aún ocurrían, la gente empezó a encender con aceite las lámparas de sus casas. No queriendo irritar a los ocupantes romanos, el aspecto militar judío del festival fue disminuido. Sólo en el siglo XIX, con el surgimiento del movimiento sionista y el nacionalismo judío, el aspecto militar de la *Hanukkah* volvió aparecer. El pueblo judío tomó coraje recordando la fuerza y valentía de los Macabeos.

El festival es observado encendiendo las luces de un candelabro único, el Menorá de nueve brazos o *Hanukiá**. Tiene ocho brazos con un brazo adicional levantado. La luz extra se llama *shamash** (auxiliar o sacristán) y se usa para encender las otras velas.

Los vecindarios religiosos tienen *hanukiot* exteriores, instalados en las calles. Durante la primera noche del festival se llevan a cabo varias ceremonias públicas de encendido de velas alrededor del mundo. Cada noche, una vela adicional es encendida, hasta que todas las velas se queman en la octava y última noche.

Después de encender las velas, es una tradición entonar el himno *Maoz Tzur.* La canción tiene seis estrofas. La primera y la última tratan sobre temas generales de la salvación divina, las cuatro del medio tratan de eventos de persecución en la historia judía y la alabanza a Dios por haber sobrevivido a pesar de estas tragedias: el éxodo desde Egipto, la cautividad babilónica, el milagro de la festividad de *Purim* y la victoria de los hasmoneos sobre los griegos.

Una traducción popular (no literal) se llama *'Rock of Ages'* (Roca de las Eras). Basada en la versión alemana de Leopold Stein (1810-1882), fue escrita por el lingüista talmúdico Marcus Jastrow y Gustav Gottheil.

Hanukkah es la época para comer sufganiot (donas rellenas con mermelada) y *latkes* (panqueques de papa). La festividad es celebrada por jóvenes y viejos, pero es la festividad favorita de las familias que tienen niños pequeños.

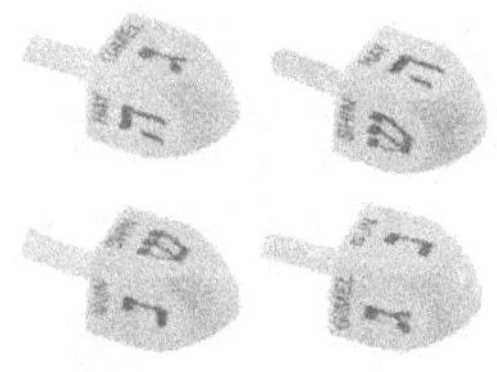

El *Sevivon o Dreidel*
(El Trompo)

El *sevivon** - trompo - es un juguete específico de la *Hanukkah.* Se cree que el juego se originó en la India. Durante la Edad Media se jugaba en la víspera de Navidad por los cristianos alemanes. Los judíos alemanes reemplazaron las letras alemanas con letras hebreas de sonido similar: *nun - gimel - heh - shin*, lo cual es un acrónimo para: '"*nes gadol haya sham*' - un gran milagro ocurrió allí. En Israel, el '*sham*' (allí) es reemplazado con "*poh*" (aquí).

Hanukkah Gelt (Dinero)

La tradición del *Hanukkah gelt* (darle dinero a los niños durante la Hanukkah) se originó en el siglo XVII con la práctica de los judíos polacos de darle dinero a sus niños pequeños para distribuirlo entre sus maestros. Luego, se permitió que los niños se quedasen con el dinero. En el siglo XVIII, se convirtió en una costumbre para los estudiantes *yeshiva** pobres visitar hogares de judíos benefactores que daban dinero durante el *Hanukkah.* También es posible que la costumbre haya evolucionado de los judíos de Europa del Este, quienes entregaban monedas a sus maestros religiosos como una muestra de gratitud (similar a la costumbre de dar propina a las personas que trabajan en el área de servicios durante la Navidad). En el año 1958, el Banco de Israel emitió monedas conmemorativas para ser usadas como Hanukkah gelt. Ese año, la moneda tenía la imagen de la *menorá* que aparecía en las monedas Macabeas hace dos mil años.
Los niños usan gelt de chocolate para jugar al *dreidel**. Los padres, abuelos u otros familiares les dan dinero de verdad a los niños mayores. En las comunidades hasídicas, los rabinos continúan la tradición de distribuir pequeñas monedas a aquellos que los visitan durante la *Hanukkah.* Los judíos hasídicos consideran que esto es una bendición afortunada por parte del Rebbe y un *segulá** para el éxito.

Roca de las eras

Roca de las eras, que nuestra canción
alabe tu poder de salvación.
Tú entre los enemigos que atacaban,
eras nuestra torre de resguardo.
Furiosos nos asaltaban
pero vuestro brazo nos protegió,
y vuestra palabra rompió su espada
cuando nuestra propia fortaleza nos falló.

Iluminando de nuevo las lámparas santas,
los sacerdotes aprobaron en sufrimiento,
purificaron el santuario de la nación,
trajeron ante Dios su ofrenda,
y a sus cortes rodearon,
escuchando rebosando en dicha,
muchedumbres felices, cantando canciones
con un sonido poderoso.

Hijos de la raza mártir, libres o encadenados,
despierten los ecos de las canciones
donde fueron ustedes esparcidos,
su mensaje sea recibido con dicha
que el tiempo ya se acerca
y verán a todos los hombres libres,
y a los tiranos desaparecer.

BLI AIN HARA

El *'ain hara'* - mal de ojo - es la creencia de que ciertos individuos tienen la capacidad de causar daño al fijar su mirada sobre los demás. Esa persona puede traer mala suerte, enfermedad y hasta la muerte. La víctima potencial, por lo tanto, crea formas de salvaguardarse contra esa mirada dañina usando amuletos protectores. Estos pueden ser un talismán usado en el cuello, hilos de color rojo y azul o espejos para resguardarse del mal. Los judíos sefardíes y del este guardan esta costumbre usando pintura en los marcos de sus puertas y mostrando amuletos (como la *Hamsa**) con textos bíblicos o cabalísticos. Los asquenazi atan una moña roja en los niños recién nacidos. La expresión *'bli ain hara'* significa 'Que nadie arroje el mal de ojo - que la situación continúe positiva'.

LA ORACIÓN DEL SEMBRADOR

Compuesta por el rabino Ben-Zion Meir Hai Uzziel, el primer Rabino Jefe Sefardí del Estado de Israel.

Nuestro padre que está en el cielo, constructor de Sion y Jerusalén, que estés satisfecho, Oh Señor, con tu tierra, y concede tu bondad sobre ella. Desde la bondad de tu amorosa amabilidad, otorga el rocío para una bendición y haz que las esperadas lluvias caigan en su momento.Sacia las montañas de Israel, y sus valles, y riega cada planta y árbol en ellos. Y haz que las raíces de los retoños que hemos plantado ante ti hoy se profundicen y aumenta su magnificencia.Que ellos florezcan y sean aceptados,

El Ayuno de *Asara Betevet* (El Diez de Tevet)

El ayuno de *Asara Betevet* (el día diez de *Tevet*) después de la *Hanukkah*, es un día de ayuno menor (o 'bajo ayuno') y por lo tanto se guarda sólo desde el amanecer hasta el atardecer. Conmemora el inicio del sitio de Jerusalén por el Rey Nabucodonosor II de Babilonia. Este evento finalizó con la destrucción del Templo de Salomón (el Primer Templo) y la conquista del Reino de Judá.

entre los otros árboles de Israel, para bendición y para belleza.
Fortalece las manos de todos nuestros hermanos, que hacen su labor y trabajo en el santo suelo y quienes hacen que la tierra salvaje florezca.
Bendícelos, Oh Señor, que ellos tengan éxito, y que el trabajo de sus manos sea aceptable.
Mira desde tu santa morada, desde el cielo, y bendice a tu pueblo Israel
y la tierra que nos diste,
como le juraste a nuestros padres.
Amén.

CAPÍTULO 24

TU B'SHVAT
EL AÑO NUEVO DE LOS ÁRBOLES

"Como otros han plantado para ti, tú también plantarás para tus hijos." Levíticus Rabbá, 28.

Tu B'shvat, el día quince del mes hebreo de *Shvat* (final de enero o principio de febrero),

no es mencionado en la Biblia. Sin embargo, la *mishná** (parte del Talmud) lo describe como el 'Año Nuevo de los Árboles'. La estación lluviosa de Israel para ese entonces ya ha culminado, pero la gente aún espera la bendición de la 'última lluvia'. Esta festividad marca el resurgimiento de la naturaleza, simbolizado por el brotar del almendro.

Levítico 19:23-25 dice lo que se esperaba de los israelitas una vez que entraran a la Tierra Prometida: *"Y cuando entréis en la tierra, y plantéis toda clase de árboles frutales, consideraréis como incircunciso lo primero de su fruto; tres años os será incircunciso; su fruto no se comerá. Y el cuarto año todo su fruto será consagrado en alabanzas a Jehová. Mas al quinto año comeréis el fruto de él".*

Tener una fecha específica como el Año Nuevo de los Árboles también ayudó con la ley del diezmo - 1/10 de los frutos del granjero tenían que ser donados a los sacerdotes.

Los diezmos bíblicos eran:

- *Orlá* - se refiere a la prohibición bíblica (Levítico 19:23) de comer la fruta de los árboles durante los tres primeros años de vida de los mismos.
- *Neta Revai* - se refiere al mandamiento bíblico (Levítico 19:24) de traer los cultivos del cuarto años a Jerusalén como diezmo.
- *Maaser Sheni* - era un diezmo que era consumido en Jerusalén.
- *Maaser Aní* - era un diezmo dado a los pobres (Deuteronomio 14:22-29) y era calculado dependiendo de si la fruta maduraba antes o después del Tu B'shvat.

Durante el periodo del Segundo Templo era costumbre plantar un árbol cuando nacía un bebé - un cedro si era niño (refiriéndose a su altura y fuerza) y un ciprés (pequeño y aromático) si era una niña. Cuando el niño o niña se casaba, la madera del árbol era usada para hacer la *chupá**, el pabellón de la boda.

A través de los años, las diversas comunidades judías en la diáspora desarrollaron todo tipo de costumbres para celebrar este día. A comienzos del siglo XIX, cuando los primeros colonos judíos empezaron a redimir a Eretz Israel, parte de su trabajo fue plantar árboles en las estériles y erosionadas colinas.

En el *Tu B'shvat* del 25 de enero de 1890, el rabino Zeev Yavetz y sus estudiantes dieron un gran ejemplo al plantar árboles en la colonia agrícola de Zichron Ya'akov.

La idea de planear árboles en *Tu B'shvat* fue adoptada en 1908 por el Sindicato de Maestros Judíos y luego por el Fondo Nacional Judío (*Keren haKayemet leIsrael*) quienes, entre otras labores, empezaron a monitorear la forestación de la tierra de Israel.

Muchas de las principales instituciones de Israel han elegido este día para sus ceremonias inaugurales.

La piedra angular de la Universidad Hebrea de Jerusalén fue colocada en el día de *Tu B'shvat* de 1918 y la primera piedra del Technion de Haifa fue colocada el mismo día pero del año 1925. El primer parlamento judío del Estado Judío Soberano eligió tener su primera sesión Knesset durante el Tu B'shvat de 1949.

En el *Tu b'Shvat* es costumbre comer los tipos de fruta seca mencionados en Deuteronomio 8:8 (las Siete Especies). Algunos judíos ortodoxos hacen caramelo de su *Etrog* (una de las 'cuatro especies' del *Sucot*) y lo comen durante el Tu B'Shvat.

El *Tu B'Shvat* a veces es llamado de 'Día Judío del Árbol'. El momento más importante de la festividad es cuando se planta un nuevo retoño en el suelo de *Eretz Israel*, la patria judía.

EL ALMENDRO

En enero, el nudoso y deshojado árbol de almendras empieza a florecer; sus flores blancas con rosa proveen néctar en abundancia para las abejas salvajes.

El almendro pertenece a la familia del melocotón. Crece silvestre en Israel, pudiendo alcanzar una altura de 4,5 a 6 metros. La fruta es una drupa - es decir, tiene una parte suave y carnosa alrededor de un carozo interno que contiene las semillas. Cuando madura, su seca o leñosa cáscara se divide en dos mitades. Los frutos verdosos, aún inmaduros, son una delicia para algunos, pero otros prefieren el carozo seco - la almendra que conocemos tan bien y que se come con sal o molida en una pasta azucarada conocida como mazapán.

Los capullos y flores sirvieron de modelo para el candelabro del Tabernáculo. La vara de Aarón milagrosamente empezó a soltar hojas y flores de almendro al mismo tiempo - señal de que él y su tribu habían sido elegidos por Dios como sacerdotes.

Durante los siete años de hambruna, Jacob envió almendras al gobernador egipcio - una delicia para ellos. En Eclesiastés el almendro simboliza una edad avanzada, ya que sus flores blancas se asemejan al cabello blanco.

En Génesis 28:19 se menciona a Luz. Esta aldea probablemente recibió este nombre porque las colinas circundantes estaban llenas de almendros.La raíz de la palabra hebrea shaked (almendra) es la palabra shoked (observar diligentemente o esperar). En Jeremías 1:8 se usa como un juego de palabras. Dios le pregunta a Jeremías, vigilante de Israel, lo que él veía. *"Una rama del árbol de almendra (shaked)" él respondió. El señor le dijo "yo observaré (shoked) mi palabra para hacerlo".*

En tiempos antiguos, los frutos secos eran molidos formando una pasta o usados por su aceite. Las almendras eran un ingrediente de cocina exclusivo en los tiempos de Roma. El sabor amargo era removido al cocinarlas en agua y las cáscaras eran usadas como combustible.

TA'ANIT ESTER
EL AYUNO DE ESTER

"Y confirmaban la celebración de estos días de «Purim» en el tiempo señalado, conforme a las órdenes de Mardoqueo el judío y la reina Ester. Los judíos y sus descendientes se comprometían a conmemorar el fin de los ayunos y lamentos", Ester 9:31.

El ayuno de Ester (*Ta'anit Ester),* el día trece de *Adar* (antes de Purim) conmemora el ayuno de tres días cumplido por el pueblo judío en el libro de Ester.

Debido a que este no es uno de los cuatro ayunos públicos ordenados por los Profetas, las mujeres embarazadas, madres amamantando y aquellos que estén débiles, no necesitan cumplirlo.

CAPÍTULO 25

PURIM

Purim es la celebración de la liberación de los judíos de un enemigo que quería su destrucción. Se celebra durante el decimocuarto y decimoquinto día de *Adar* (usualmente en marzo). *Purim* es la forma plural de la palabra hebrea *'pur'*, que significa suerte (usada para determinar algo que se da por azar). Se refiere a cómo Haman usó la suerte para elegir la fecha de su planificada destrucción de los judíos.

Mathew Henry escribió que a lo largo del libro de Ester *"... el nombre de Dios no está allí, pero su dedo sin duda está. Su providencia es obvia - funcionando de manera tranquila pero soberana sobre las vidas de los hombres y las mujeres".*

Aunque el *Purim* es un festival menor desde el punto de vista religioso (no es mencionado en la Torá como una festividad del Señor), la gente lo celebra con fervor.

Hasta el año 2 E.C., el *Purim* era llamado 'el Día de Mordecai' o 'Día de Protección'. La gente cumplía esta festividad recitando la historia del *Megillah** (pergamino) en sus hogares e intercambiando obsequios.

El Talmud describe la realización de lecturas públicas durante el periodo del Segundo Templo. Los sacerdotes eran instruidos a parar sus servicios en el Templo y escuchar la recitación. Esta práctica culminó con la destrucción del Templo en el año 70 E.C.

Con la canonización del libro de Ester y la aparición de las sinagogas, las lecturas públicas en hebreo y otros idiomas se volvieron algo generalizado. Entre fines del siglo III y comienzos del siglo V E.C., la lectura del *Megillah* Hebreo se tornó universalmente aceptada. La liturgia era la misma, pero el drama, color, celebración y pompa variaba de país a país. Durante la Edad Media, la celebración era amenizada con bailes de máscaras, bufones, músicos y actores. El uso de la matraca y la elección de la reina o rey del Purim se originó en el siglo XIV, en Francia. Las obras de teatro se originaron en el siglo XVI.

En el año 1615, en Frankfurt, Alemania, un panadero local se proclamó a sí mismo como el 'nuevo Haman' y organizó un ataque contra los judíos del pueblo. Aunque ellos se defendieron, fueron expulsados del lugar y tuvieron que dejar atrás sus posesiones. Pocos meses después, el gobernante de la ciudad se dio cuenta de la injusticia que había sido cometida. Una banda les dio la bienvenida a los judíos que volvieron a Frankfurt, el panadero fue asesinado y su casa fue destruida. Una placa describía sus fechorías y su castigo. A partir de ese día, el *Purim* se convirtió en una celebración especial para los judíos en Frankfurt. Durante el festival ellos leían un *Megillah* especial, recordando su historia.

El teatro andante, el *Purim 'shpil'*, al final dio lugar a representaciones teatrales fijas. Hasta la Segunda Guerra Mundial, en Alemania y Europa del Este, las funciones se hacían durante el mes de *Adar*. En Europa Occidental, Norte América e Israel, el énfasis recaía en las fiestas de máscaras de *Purim* para adultos y niños.

El libro de Ester es usualmente escrito en un pergamino de piel de un animal *kosher**. El *Megillah* (pergamino) es por lo general ilustrado (lo cual es permitido ya que el nombre de Dios nunca es mencionado en él). El pergamino es leído en la sinagoga en la víspera de

Purim y a la mañana siguiente. Cada vez que el nombre de Haman es mencionado, la gente usa sus *rashan** (matracas) y golpean sus pies contra el suelo para ahogar su nombre.

El *Purim* es una fiesta de alegría y la única ocasión en la que se le permite a la gente emborracharse - para que así no puedan recordar si era Mordecai o Haman el que debía ser alabado o maldecido.

Durante este festival, la gente envía *mishloaj manot** (regalos para los pobres). También es costumbre dar dinero. En la sinagoga, justo antes de la lectura de la *Megillah*, los congregantes masculinos usualmente donan monedas como un recordatorio de la costumbre de que cada judío mayor de veinte años pagaba medio shekel para el mantenimiento del Templo en Jerusalén.

Debido a que la ciudad de Susa era amurallada, un día extra fue agregado a las celebraciones. Esta es la razón por la cual una ciudad amurallada, como Jerusalén, celebra el *Purim* el decimoquinto día de *Adar*.

El *Purim* es un feriado oficial en las escuelas de Israel y las calles se llenan de niños y adultos usando disfraces, sombreros divertidos o pelucas.

Las ***Oznei Haman o Hamantaschen*** (orejas de Haman), unas galletas de tres puntas, son uno de los dulces favoritos del *Purim.* Uno de los rellenos es con semillas de amapola, llamadas '*mohn*' en Yiddish, que suena un poco parecido a 'Haman'. *Oznei Haman* se refiere a la vieja costumbre europea de cortar las orejas de los criminales antes de ser ahorcados.

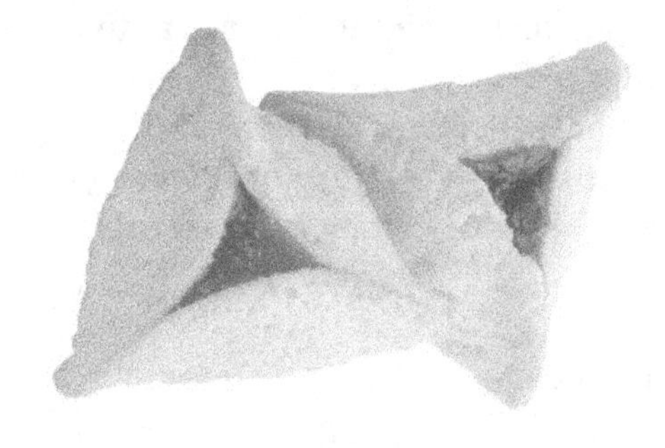

PURIM KATAN – ADAR I y ADAR II

Debido a que el año judío está basado en el calendario lunar, un año común tiene entre 353 y 355 días. Como las festividades judías son siempre celebradas el mismo día del calendario lunar, en determinados años la *Pesach* podría ser celebrada en verano, otoño o invierno, en vez de en primavera. Para equilibrar esto, se agregó un mes extra cada tres años - *Adar I*, mientras que el mes regular fue llamado *Adar II*. El año 'embarazado' o año bisiesto tiene de 383 a 385 días. El *Purim* siempre se celebra el decimocuarto (o decimoquinto) día de Adar, por lo tanto algunas comunidades celebran un '*Purim Katan*' (un Pequeño Purim), además del *Purim* real, cuando hay un año bisiesto.

Se cree que Moisés nació el séptimo día de *Adar I* y murió el mismo día de *Adar II*.

"Allí, en la tierra de Moab, murió Moisés, el siervo del Señor, conforme a lo que el Señor había dicho, y allí mismo lo enterró, en el valle, en la tierra de Moab, frente a Bet Pegor, y hasta el día de hoy nadie conoce el lugar donde fue sepultado. Cuando Moisés murió, tenía ciento veinte años de edad; pero sus ojos nunca se le nublaron, ni perdió su vigor.", Deuteronomio 34:5-7.

Los judíos ortodoxos ayunan en este día y agregan una oración especial, previa a los servicios de la sinagoga. Las sociedades funerarias judías por lo general se reunen el séptimo de *Adar*. Nadie sabe el lugar exacto de la muerte de Moisés, por lo tanto las Fuerzas de Defensa de Israel han elegido el séptimo día de Adar para llevar a cabo los servicios especiales de homenaje a los soldados cuyos cuerpos no han sido encontrados o no pudieron ser identificados. En el cementerio Monte Herzl de las Fuerzas de Defensa de Israel, hay un muro que tiene los nombres de quinientos ochenta y ocho soldados israelíes cuyas tumbas son desconocidas.

CAPÍTULO 26

HACER *ALIYAH*
LA REUNIÓN DE LOS EXILIADOS

Y cuando vi al judío africano inclinándose sobre el horno,
para sacar el lingote de acero al rojo vivo
y pasarlo con sus pinzas al inmigrante de los Balcanes,
vi a la gente de pie en sus cimientos.
Son judíos de Trípoli, Turquía, Sana'a y Lvov,
de Sofía y Yassi, afeitados y con barbas largas.

Natan Alterman

*Aliyah** es la palabra que describe el regreso del pueblo judío del exilio en la diáspora hacia la tierra de Israel. La palabra deriva del verbo '*la'alot*' – 'subir' o 'ascender' en un sentido espiritual positivo. Una persona que hace *aliyah* es llamada '*oleh*' (en plural: *olim*) lo cual significa 'el que asciende'. La acción contraria, la emigración desde Israel, se le llama '*yerida*' (descenso).

Según la tradición judía, viajar a la tierra de Israel es un ascenso, en sentido geográfico y metafísico. En los tiempos rabínicos antiguos, muchos judíos vivían en Egipto, Babilonia y en la cuenca mediterránea. Ellos 'hicieron un ascenso' cuando visitaron Jerusalén, la cual está a dos mil setecientos pies sobre el nivel del mar. *Aliyah*, la inmigración de los judíos a Eretz Israel (la Tierra de Israel), es un concepto cultural importante para ellos y un componente fundamental del sionismo.

DICHOS SOBRE *ERETZ ISRAEL*

- Una tierra rebosante con leche y miel.
- Para que tenga efecto una compra de una casa en la Tierra de Israel, la escritura debe ser hecha durante el *Shabat*.
- Sólo en la Tierra Santa el espíritu de los judíos puede desarrollarse y ser una luz para el mundo.
- Dios tomó la medida de todas las tierras y encontró que sólo la Tierra de Israel era adecuada para el pueblo judío.
- El que vive en la Tierra de Israel se considera que alaba al Dios Único, el que vive fuera de la Tierra de Israel se considera que no tiene Dios.
- Vivir en la Tierra de Israel iguala a todos los otros mandamientos.
- La primera cosa que debe hacer al entrar a la Tierra de Israel, es cultivar la tierra.
- Los muertos que estén sepultados en la Tierra de Israel, serán los primeros en ser resucitados (en el final de los días).

Está consagrado en la Ley del Retorno de Israel, que le da a cualquier judío (considerado como tal por la *Halachá** y/o la Ley Secular Israelí) y a los no judíos elegibles (un hijo(a) o nieto(a) de un judío, el(la) cónyuge de un judío, el(la) cónyuge del hijo(a) de un judío y el(la) cónyuge del nieto(a) de un judío), el derecho legal de ser asistido en el proceso de inmigración y asentamiento en Israel, así como la ciudadanía israelí.

Muchos judíos religiosos apoyan la aliyah como un regreso a la Tierra Prometida y la consideran como un cumplimiento de la promesa bíblica de Dios a los descendientes de los patriarcas hebreos Abraham, Isaac y Jacob. Algunos creen que la Aliyah es uno de los seiscientos trece mandamientos.

En el discurso sionista, *aliyah* (en plural *aliyot)* incluye la inmigración por razones ideológicas, emocionales y prácticas, además de la llegada masiva de poblaciones judías que se encuentren bajo persecución. La gran mayoría de los judíos Israelíes de hoy en día pueden ubicar las raíces de su familia en algún lugar en el exterior. Mientras muchos han elegido activamente establecerse en Israel antes que en cualquier otro país, muchos otros tuvieron pocas o ninguna opción que no sea salir de los países donde vivían previamente. Israel es comúnmente reconocido como 'un país de inmigrantes' y también, en gran medida, un país de refugiados.

Las últimas dos palabras de 2 Crónicas 36:23 (Biblia Hebrea) es *'veya'al'*, un verbo derivado de la misma raíz de *aliyah*, que significa 'deja que ascienda' (a Israel).

El regreso a la tierra de Israel es un tema recurrente en las oraciones judías recitadas tres veces al día. También durante los servicios de las festividades de *Pesach* y *Yom Kipur,* en los que las oraciones culminan con las palabras *'el próximo año en Jerusalén'*.

Debido a que el linaje judío puede proveer derecho a la ciudadanía israelí, la *aliyah* tiene significado secular y religioso. En todos los eventos históricos durante los cuales el regreso a la tierra de Israel era posible, grupos e individuos judíos han regresado a la patria judía.

Para los judíos religiosos, la *aliyah* estaba (y aún está) asociada con la (primera) venida del Mesías. Él redimiría la Tierra de Israel de gobiernos gentiles y regresaría a los judíos del mundo a su tierra, bajo una teocracia del *Halachá*.

Abraham - El Primer *Oleh Jadash*

Abraham y su familia vinieron a la tierra de Canaán aproximadamente en el año 1800 A.E.C. Jacob y su familia emigraron a Egipto y años después (cerca del año 1300 A.E.C.), Moisés y Josué lideraron a los israelitas de vuelta a Canaán.

Después del exilio babilónico, aproximadamente cincuenta mil judíos regresaron a Sion luego de la Declaración de Ciro del año 538 A.E.C. Ezra, el escriba, guió a los judíos exiliados que vivían en Babilonia a su hogar, en la ciudad de Jerusalén, en el año 459 A.E.C. Otros regresaron durante la era del Segundo Templo. En el transcurso de la Edad Media, los sacrificios de sangre, matanzas y persecuciones llevaron a varios judíos a regresar a la Tierra de Israel. En los siglos XVIII y XIX, miles de seguidores de rabinos cabalísticos y hasídicos aumentaron considerablemente la población judía de las ciudades de Jerusalén, Tiberíades, Hebrón y Safed.

Los sueños mesiánicos de Vilna Ganon inspiraron una de las mayores olas de inmigración pre-sionista hacia *Eretz Israel.* En el año 1808, cientos de discípulos de Gaon, conocidos como Perushim, se asentaron en Tiberíades y Safed y luego formaron el núcleo del Viejo Yishuv, en Jerusalén. En la primera década del siglo XIX, miles de judíos provenientes de Persia y Marruecos, Yemen y Rusia se mudaron a Israel. Muchos más fueron atraídos por la expectativa de la llegada del Mesías en el año judío de 5600 (1840).

Entre 1882 y 1903, aproximadamente treinta y cinco mil judíos del Imperio Ruso (de los movimientos Hovevei Sion y Bilu) y un pequeño grupo de Yemen se asentaron en lo que era la Palestina Otomana.

Muchos establecieron comunidades agrícolas, como por ejemplo Petach Tikvah, Rishon le-Zion, Rosh Pina y Zichron Ya'akov. Los judíos yemenitas se establecieron en Silwan, un suburbio árabe de Jerusalén, en las laderas del Monte de los Olivos.

PALABRAS SABIAS DE DAVID BEN GURION (1886-1973)

- "En Israel, para ser realista hay que creer en los milagros."
- "Nuestro país está constituido más por su gente que por un territorio. Los judíos vendrán de todas partes: de Francia, Rusia, América, Yemen... Su fe es su pasaporte."
- "Hay once millones de judíos en el mundo. No estoy diciendo que todos esos vendrán aquí, pero espero que lleguen varios millones y, con un aumento natural, puedo imaginar un estado judío de diez millones."
- "El sufrimiento engrandece a los pueblos y nosotros hemos sufrido mucho. Teníamos un mensaje para el mundo pero fuimos reprimidos y el mensaje fue cortado por la mitad. Habrá una época donde seremos millones - volviéndonos más fuertes - y completaremos ese mensaje."

Entre los años 1904 y 1914, unos cuarenta mil judíos (principalmente rusos) inmigraron a la Palestina Otomana debido a las matanzas y brotes de antisemitismo.

Este grupo socialista e idealista estableció el primer kibutz, Degania, en el año 1909. También formaron las organizaciones de autodefensa, tales como la Hashomer, para contrarrestar la creciente hostilidad árabe y para ayudar a proteger a los judíos de bandidos árabes.

Eliezer Ben Yehuda revivió el hebreo como lengua nacional, fueron publicados periódicos y literatura en hebreo y partidos políticos y organizaciones de trabajadores fueron fundados.

Eliezer Ben Yehuda

Después de la Primera Guerra Mundial, entre los años 1919 y 1923, cuarenta mil judíos (principalmente de Rusia) se establecieron en el país que ahora se había convertido en el Mandato Británico de Palestina. Muchos pioneros, halutzim, que fueron entrenados en agricultura, establecieron economías autosustentables. A pesar de las cuotas de inmigración británicas, la población judía alcanzó noventa mil personas al final de este periodo. En el Valle Jezrael y la Planicie de Hefer (en el Valle de Hula) se drenaron los pantanos y se destinaron a uso agrícola.

Surgieron instituciones nacionales adicionales tales como la *Histradut* (Federación General del Trabajo) y la Haganá (la predecesora de las Fuerzas de Defensa de Israel (FDI)). El aumento del antisemitismo en Polonia y Hungría ocasionó la llegada de ochenta y dos mil judíos entre los años 1924 y 1929. Entre ellos había muchas familias de clase media que se mudaron a los pueblos en crecimiento, estableciendo pequeños negocios e industrias.

El surgimiento del nazismo en Alemania trajo una nueva ola de doscientos cincuenta mil inmigrantes entre los años 1929 y 1939. En esta llamada Quinta *Aliyah,* la mayoría de la gente venía de Europa del Este; también había profesionales, doctores, abogados y profesores alemanes. Los artistas refugiados introdujeron la arquitectura Bauhaus y fundaron la Orquesta Filarmónica de Palestina. El nuevo puerto de Haifa y sus refinerías de petróleo agregaron suficiente industrialización a una economía predominantemente agrícola.

La *Aliyat Hanoar* (Aliyah de Jóvenes) rescató miles de niños judíos alemanes de los Nazi durante el Tercer Reich. Preparó su reasentamiento en el Mandato Británico de Palestina, en kibutzim y aldeas de jóvenes que se convirtieron en sus hogares y escuelas.

La organización fue fundada en 1933 por Recha Freier en Berlín, el mismo día que Adolf Hitler asumió el poder. Al llegar a Palestina, los niños eran recibidos por Henrietta Szold.

En total, unos cinco mil adolescentes fueron traídos a Palestina antes de la Segunda Guerra Mundial y fueron educados en internados de la Aliyah de Jóvenes. Otros fueron sacados en secreto de la Europa ocupada durante los primeros años de la guerra y llevados para Palestina, Inglaterra y otros países. Después de la guerra, otros quince mil (en su mayoría sobrevivientes del Holocausto) fueron llevados a Palestina.

Hoy en día, la *Aliyah* de Jóvenes es un departamento de la Agencia Judía, el cual continúa trayendo gente joven a Israel proveniente del norte de África, Europa Central y del Este, Latinoamérica, los países que eran parte de la Unión soviética y Etiopía.

Las tensiones entre los árabes y los judíos continuaron en ascenso, desencadenando el conflicto árabe israelí. El Libro Blanco de 1939, emitido por el gobierno británico pro-árabe, restringió de manera severa la inmigración judía a un máximo de setenta y cinco mil personas en cinco años.

No quedó otra opción que continuar la inmigración ilegalmente - la *Aliyah Bet.*

Entre los años 1933 - 1948, la *Haapala* (inmigración secundaria) fue organizada por el *Mossad Le'aliyah Bet,* así como por el *Irgún.* La mayoría de los inmigrantes llegaron por mar, pero algunos vinieron por tierra pasando los territorios de Irak y Siria. Entre la Segunda Guerra Mundial y la independencia de Israel, en 1948, la *Aliyah Bet* se convirtió en la forma principal de inmigración judía. Después de la Segunda Guerra Mundial, la inmigración ilegal aumentó cuando varios sobrevivientes del Holocausto se unieron a la *Aliyah.*

Entre los años 1948 - 1950 ocurrió la 'Reunión de los Exiliados' - el *Kibutz Galuyot.* El Comité Judío – Americano de Distribución Conjunta (La Junta) había sido fundado en el año 1914. Sus fondos, habilidades diplomáticas y buena organización aseguraron el rescate de judíos en una escala masiva. Con el nacimiento del Estado de Israel en 1948, la Agencia Judía para Israel fue elegida como la responsable de la *Aliyah* en la Diáspora.

Poco después de su establecimiento en 1948, el estado emergente de Israel se encontró en una situación de escasez de comida y moneda extranjera. En tan solo tres años y medio, la población judía de Israel se había duplicado, sufriendo un aumento de casi setenta mil inmigrantes.

En consecuencia, el gobierno israelí tomó medidas para controlar y monitorear la distribución necesaria de recursos para asegurar raciones iguales y suficientes para todos los ciudadanos israelíes. La austeridad tuvo sus ventajas - nadie estuvo en situación de hambre y se encontró refugio para todos los inmigrantes.

Entre el año 1948 y principios de los años 1970, cerca de novecientos mil judíos de tierras árabes abandonaron, emigraron o fueron expulsados de sus tierras. La comunidad entera de judíos yemeníes (cerca de cuarenta mil personas) fue traída a Israel en la *'operación Alfombra Mágica'.*

Las *'operaciones Ezra y Nehemías'* trajeron cerca de ciento catorce mil judíos iraquíes a casa. Luego de la revolución islámica, cerca de treinta mil judíos iraníes inmigraron a Israel.

El inmenso puente aéreo conocido como *'Operación Moisés'* empezó a traer los judíos etíopes a Israel el 18 de noviembre de 1985 y terminó el 5 de enero de 1986. En un período de seis semanas, entre cinco y ocho mil judíos etíopes fueron transportados por aire desde Sudán hasta Israel. Se estima que entre dos mil y cuatro mil judíos murieron camino a Sudán o en los campos de refugiados de Sudán.
En 1991, la *'Operación Salomón'* fue lanzada para traer a los judíos israelíes beta de Etiopía. En un día (el 24 de mayo), aterrizaron treinta y cuatro aviones en el aeropuerto de Addis Ababa y trajeron catorce mil trescientos veinticinco judíos de Etiopía a Israel. Los judíos etíopes continúan inmigrando a Israel. En la actualidad su número es de más de cien mil personas.

Temiendo una 'fuga de cerebros' y la disminución del número de intelectuales, la emigración masiva era algo políticamente indeseable para el régimen soviético. Después de la Guerra de los Seis Días, en 1967, los medios controlados por el estado empezaron a emitir campañas de propaganda antisionista.

Al final de la década de 1960, la mayoría de los judíos soviéticos habían sido asimilados y eran no religiosos. Sin embargo, la victoria israelí de 1973 sobre fuerzas árabes armadas por los soviéticos, suscitaron sentimientos sionistas.

La inmigración judeo - rusa se dio en masa en la década de 1990, cuando el gobierno liberal de Mikhail Gorbachev abrió las fronteras de la URSS y le permitió a los judíos salir del país - cerca de un millón de judíos soviéticos inmigraron a Israel.

A partir del año 2000, la inestabilidad económica y política motivó a más de diez mil judíos argentinos a emigrar a Israel. Uruguay también fue afectado por la crisis y unos quinientos judíos uruguayos hicieron *aliyah* en el mismo período.

En Venezuela, un surgimiento de antisemitismo violento ocasionó que un gran número de judíos hicieran *aliyah* durante la primera década del siglo XXI. Por primera vez en la historia venezolana, cientos de judíos empezaron a irse para Israel. Para noviembre de 2010, más de la mitad de la fuerte comunidad judía de Venezuela había abandonado el país.

La Segunda Intifada en Israel ocasionó muchos incidentes anti-semíticos en Francia. Entre el año 2001 y el año 2005, once mil ciento y cuarenta y ocho judíos franceses hicieron aliyah. La inmigración desde Francia aún continúa ocurriendo.

Al igual que los olim de Europa Occidental, los norteamericanos suelen emigrar a Israel más por propósitos religiosos, ideológicos y políticos. Sin embargo, la continua crisis financiera global (que empezó en 2008), trajo a muchos judíos americanos a Israel por motivos financieros. Ellos vieron que Israel pudo manejar de mejor manera que los Estados Estados Unidos y otros países la crisis. En el año 2009, cuatro mil judíos americanos hicieron aliyah - el número más grande de judíos emigrando desde 1983. Aproximadamente ciento diez mil inmigrantes norteamericanos ahora viven en Israel y este número continúa creciendo.

Golda Meir había sido encomendada por David Ben - Gurion para recaudar fondos para la masa de nuevos inmigrantes. Nadie fue rechazado y se hizo todo el esfuerzo posible para encontrarles comida y techo. El lema de su campaña de recaudación de fondos era que el dinero era necesario 'no para ganar la guerra, sino para sustentar la vida'.

"Algunas veces yo solía ir a Lydda (un aeropuerto)", relataba Golda Meir, "y veía aterrizar los aviones provenientes de Adén, maravillada por la resistencia y fe de sus agotados pasajeros".

"¿Había visto antes un avión?", le pregunté a un anciano barbudo.

"No" me contestó.

"¿Pero no estaba con mucho miedo de volar? ", insistí.

"No", me dijo de nuevo, muy firmemente. "Todo está escrito en la biblia, en Isaías. Ellos se montarán con alas de águilas."

"Y parado allí, en ese campo de aviación, me recitó el pasaje entero con la cara brillando de alegría por el cumplimiento de la profecía - y el final de su viaje."

La organización *Nefesh B'Nefesh* provee asistencia financiera, servicios de empleo y procedimientos gubernamentales simplificados para los inmigrantes norteamericanos y británicos. Desde mediados de la década de 1990, ha habido una corriente constante de judíos sudafricanos, americanos y franceses que han hecho aliyah o compraron propiedades en Israel como póliza de seguro para el futuro.

La inmigración de los *Bnei Menashe* (Hijos de Manasés), que son los judíos de la India, empezó a principios de la década de 1990 y continúa hasta la fecha.

Con regularidad, los periódicos israelíes publican artículos sobre grupos de olim llegando a Israel.

Siempre es una experiencia maravillosa ver o leer acerca de un grupo de nuevos inmigrantes llegando al aeropuerto Ben Gurion. Enseñando orgullosamente su tarjeta de identidad israelí, ellos están listos para empezar su nueva vida en Israel.

Algunos olim reciben atención especial - en particular los solteros o las parejas que ya tienen sus ochenta o noventa años y que finalmente decidieron volver a casa. La pareja más longeva que ha hecho aliyah aterrizó en Israel en febrero de 2012. Philip (95 años) y Dorothy (93 años), provenientes de Baltimore, eran parte de un grupo *Nefesh B'Nefesh* con más de cuarenta inmigrantes de norteamérica. Los Grossman se dirigieron inmediatamente a su

En 1951, Moshe Sharett se dirigió a una multitud de nuevos inmigrantes en un proyecto habitacional cerca de Rishon le-Zion. Dio cinco discursos por separado en Yiddish, Turco, Árabe, Francés y Hebreo.

nuevo hogar en Jerusalén. La pareja, nacida en América, había estado casada por setenta y un años. Uno de sus tres hijos ya vivía en Israel y el segundo de sus hijos ya tenía planes de mudarse al país en el verano.

La persona más anciana en hacer *Aliyah* fue una mujer de Nueva York que se mudó a Israel a los 102 años, mientras que un residente de Baltimore hizo su *Aliyah* a los 99 años.

¡Para un judío, nunca es demasiado tarde para volver a CASA!

En 2008, Ya'akov Manlun, de 97 años, y su esposa Orah, de 88 años, nuevos inmigrantes de la Tribu *Bnei Menashe* de la India, se casaron en una espléndida ceremonia acompañados de muchos invitados en Kiryat Arba. Ya'akov y Orah habían esperado quince años para recibir el permiso para hacer Aliyah. Tienen nueve hijos (tres de los cuales también hicieron *Aliyah*) y cerca de setenta nietos, bisnietos y tataranietos viviendo en Israel y la India. La pareja había estado casada por casi 70 años. Después de concluir su proceso de conversión, querían volver a casarse de acuerdo a la Ley de Moisés.

RESUMEN DE LA *ALIYAH*

Aliyot Pre-Sionista (1700-1882)

La primera *Aliyah* (Sionista) (1882-1903)

La segunda *Aliyah* (1904-1923)

La tercera *Aliyah* (1924-1929)

La cuarta *Aliyah* (1929-1939)

Aliyat ha Noar (Aliyah de la juventud) (1933 - presente)

Aliyah Bet (Inmigración Ilegal) (1933-1948)

Comienzos del Estado (1948-1950)

Aliyah de países árabes y musulmanes (1948 - principios de la década de 1970)

Aliyah de Irán (1948 - presente)

Operación Alfombra Mágica - judíos yemeníes (1949-1950)

Operación Ezra y Nehemías - judíos iraquíes (1950-1952)

Aliyah Judío - Marroquí (1954-1955)

Operación Moisés - Aliyah etíope (1985-1986)

Operación Salomón - judíos etíopes (1991)

Aliyah de la Unión Soviética y Estados post-soviéticos (década de 1990)

Aliyah de Argentina y Uruguay (2000- actualidad)

Aliyah Venezolana (2010-presente)

Aliyah Francesa (2001-presente)

Aliyah Norteamericana (1983-presente)

Aliyah Sudafricana (1990-presente)

Bnei Menashe Aliyah - India (1990-presente)

CAPÍTULO 27

SEFER TORÁ

Según la ley judía, un *Sefer Torá* (en plural: *Sifrei Torah*) o rollo de la Torá es una copia del texto formal en hebreo de los Cinco Libros de Moisés escritos a mano sobre gevil o *klaf* (tipos de pergamino *kosher*) usando una pluma (u otro utensilio de escritura permitido) empapada en tinta. Producir o encargar un *Sefer Torá* cumple con uno de los seiscientos trece *Mitzvot*.

El rollo es usado principalmente en el ritual de lectura de la Torá durante los servicios en la sinagoga. Cuando no está siendo usado, se guarda en la *Aron Kodesh* (Santa Arca*). Usualmente es un gabinete o sección de la sinagoga en dirección a Jerusalén, la dirección a la cual miran los judíos cuando oran. En Jerusalén, el Arca se coloca en dirección al Monte del Templo, lugar donde el Templo una vez estuvo erigido.

Para funciones no rituales, se usa el *Humash* (cinco partes - llamado así por los Cinco Libros de Moisés). Es un libro impreso y encuadernado, acompañado a menudo por comentarios o traducciones.

La lectura de la Torá desde un *Sefer Torá* es reservada tradicionalmente para los días lunes y jueves por la mañana, así como para el Shabat y las festividades judías. La presencia de un *minyan** es requerida para que la lectura de la Torá pueda ser realizada en público durante el transcurso de los servicios de alabanza.

Cuando se abre el rollo para ser leído, se coloca sobre un pedazo de tela llamado *mappah**. Mientras se recita la Torá, el denso texto es seguido con la ayuda de un *yad**, un apuntador de metal o madera con forma de mano que protege los rollos, evitando el contacto innecesario de la piel con el pergamino.

Cuando el Sefer Torá es circulado por la sinagoga, los miembros de la congregación pueden
tocar el rollo con el borde de su talit y luego
besarlo como señal de respeto.

Algunas comunidades no envuelven el *Sefer
Torá* en un manto, sino que usan un tik
(estuche ornamental de madera que protege el
rollo). Las comunidades sefardíes llaman a los
mantos 'vestidos'.

**Bendición que se realiza
antes de leer la Torá:**

*Alabado sea el Señor que es (el Único) que
puede ser alabado. Alabado sea el Señor
que es (el Único) que puede ser alabado por
toda la eternidad. Bendito seas Tú, nuestro
Señor, Rey del universo, quien nos ha elegido entre todos los pueblos y nos has otorgado la Torá. Bendito seas Tú, Señor, dador
de la Torá.*

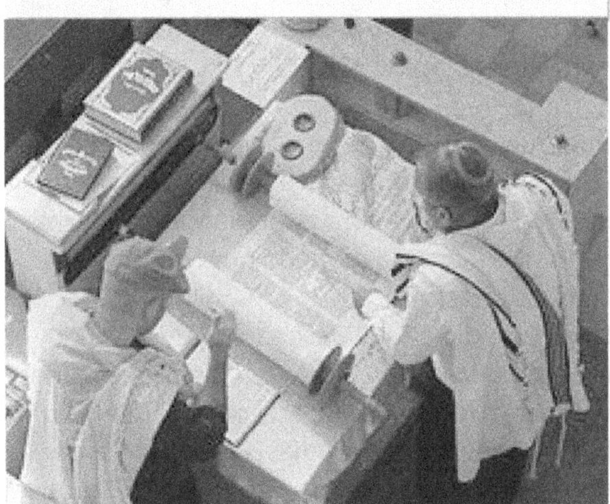

Bendición después de leer la Torá:

*Bendito seas Tú, Señor nuestro Señor, Rey del
universo, quien nos ha dado la verdad y nos
has dado la vida eterna. Bendito seas Tú, Señor, dador de la Torá.*

Ketav Stam es la
escritura tradicional
judía específica, con
la cual se escriben
los *Sifrei Torá, Tefi-
lin, Mezuzot* y los
Cinco *Megillot.*
El hombre que los
escribe es llamado
Sofer Stam.
La escritura es
hecha por medio de
una pluma y tinta
especial (*Dyo*) en un
pergamino especial

llamado *Klaf.* En la actualidad algunos estudiosos eligen convertirse en sofers o escribas
entrenados.

Para marcar una ocasión especial o conmemoración, las comunidades o individuos pueden
pedir un *Sefer Torá*, lo cual puede costar miles
de dólares. Escrito completamente en hebreo,
un *Sefer Torá* contiene 304.805 letras, las cuales deben ser duplicadas de manera precisa
por un sofer entrenado. Un error durante la
transcripción puede hacer que el rollo sea considerado *pasul* (inválido).

Algunos errores son inevitables durante la producción del mismo.
Si el error involucra una palabra que no sea el
nombre de Dios, puede ser borrada del rollo
raspando la letra o letras con un objeto filoso.
Si el nombre de Dios es escrito de manera erra-
da, la página entera debe ser cortada del rollo
y una nueva será agregada. Escrita nuevamente desde el comienzo, la página es entonces
cosida al rollo para mantener la continuidad
del documento. La página vieja es enterrada en
la *genizá**.

La mayoría de los *Sifrei Torá* modernos son escritos con cuarenta y dos líneas de texto por columna (los judíos yemeníes usan cincuenta). Existen reglas muy estrictas sobre la posición y apariencia de las letras hebreas, pero los escribas pueden utilizar diferentes tipos de letra.

Los libros de la Torá son:

- Génesis (Bereshit – en el comienzo)
- Éxodo (Shemot - nombres)
- Levítico (Vayyikra - y él llamó)
- Números (Bamidbar - en el desierto)
- Deuteronomio (Devarim - palabras, discursos)

LA CEREMONIA
HACHNASAT SEFER TORÁ

La introducción de un nuevo *Sefer Torá* a la sinagoga se realiza con una ceremonia conocida como *Hachnasat Sefer Torá* (literalmente 'escoltando el rollo de la Torá'). Esto es por lo general acompañado de danzas, cantos y una comida festiva.

La antigua celebración (cerca del año 1000 A.E.C. - Era del Primer Templo) es descrita en la Biblia, donde dice que los sacerdotes e incluso el rey David "danzaron ante el Arca (del pacto)" o "danzaron ante el Señor".

Usando un efod de lino, David danzó ante el Señor con toda su voluntad, mientras él y todo Israel traían el Arca del Señor con gritos y sonidos de trompetas (véase 2 Samuel 6:14-15).

La persona que encargó la Torá convoca a invitados especiales para la celebración. Es un gran honor que se le otorgue la oportunidad de escribir una de las letras finales. Se dan discursos sobre la importancia del estudio de la Torá, el apoyo a la Torá y el vivir bajo la Torá.

La ceremonia de *Hachnasat Sefer Torá* es como una boda, ya que aceptar la Torá es visto como una analogía a un matrimonio con Dios. El Monte Sinaí era el pabellón, el pueblo judío la novia, el Todopoderoso el novio y el anillo la Torá.

El hombre honrado con la labor de cargar el nuevo rollo de la Torá hasta la sinagoga, usualmente camina bajo una *chupá**, que por lo general está hecha con un *talit** apoyado sobre cuatro mástiles.

La feliz multitud de personas, incluyendo mujeres y niños, bailan y cantan camino a la sinagoga.

Un *Sefer Torá* completo es tratado con gran honor y respeto. Es guardado en el Arca (*Aron Kodesh * o Hechal**), el cual a su vez es cubierto con una *parochet*, (cortina) bordada (véase Éxodo 26:31-34).

El rollo por lo general es atado con una tira de plata (o *wimpel**) y es 'vestido' con una pedazo de tela protectora fina, llamada el 'Manto de la

Ley'. Es decorado con un peto ornamental, asas para agarrar el rollo (*Ets Hachaim)* y el ornamento principal - la 'Corona de la Ley', la cual es hecha para caber en los extremos superiores de los rollos cuando el pergamino se cierra. Algunos rollos tienen dos coronas, una para cada extremo. La parte metálica es hecha por lo general de plata batida, en algunas ocasiones bañada en oro. Los ornamentos de oro y plata que son parte del rollo son conocidos colectivamente con el nombre de kele kodesh (vasijas sagradas) y de alguna forma se parecen a los ornamentos del *Cohen Hagado*l (Alto Sacerdote).

Las asas del rollo, el peto y la corona usualmente tienen pequeñas campanas sujetas a ellos. Un *yad** también puede colgarse del rollo, ya que la Torá nunca debe ser tocada con el dedo directamente.

La decoración no constituye alabanza al *Sefer Torá*, sino que ayuda a distinguirlo como sagrado y santo, como la palabra viva de Dios.

CAPÍTULO 28

JANUKAT HABAIT
FIESTA JUDÍA DE INAUGURACIÓN DE UNA CASA

"Los oficiales, por su parte, dirán al pueblo: '¿Quién de ustedes ha construido una casa nueva, y no la ha estrenado? Vaya de regreso a su casa, no sea que muera en batalla y algún otro la estrene.'", Deuteronomio 20:5.

Este verso ordena la dedicación de un nuevo hogar como un apoyo oficial de su nuevo lugar y propósito. La vida judía es observada en la conducta diaria, pero sus dos principales puntos focales son la sinagoga y el hogar. El hogar es visto como el lugar donde algunas tradiciones del templo son continuadas - las velas del Shabat (la menorá del Templo) y la mesa del comedor (el Altar).

Muchos judíos religiosos intentan mudarse a su nuevo hogar el *Yom Shlishi* (literalmente el tercer día - martes), ya que este es el único día que Dios dijo dos veces que era bueno (por esta razón, las parejas judías también prefieren casarse un día martes).

Los judíos religiosos nunca se mudarían a un nuevo hogar durante el Shabat o las festividades judías. Aquellos que son supersticiosos, nunca se mudarían un lunes o miércoles ya que según la cábala, el Divino atributo de la severidad domina estos días.

Antes de mudarse a un nuevo hogar, algunos judíos ortodoxos tienen la costumbre de invitar a un grupo de niños pequeños para estudiar la Torá en casa. Ellos creen que el estudio de la Torá por parte de almas puras y jóvenes tiene un efecto purificador en toda el área.

Traer libros judíos (religiosos) y una caja de caridad al hogar antes de que los que hacen la mudanza traigan el resto de las cajas, se considera que establece el 'sabor judío' a la nueva casa. Es un símbolo del deseo del propietario de que el hogar sea un lugar de estudio y bondad.

DÍAS DE LA SEMANA JUDÍA

Los nombres se basaron en los siete días mencionados en la historia de la Creación, en Génesis: "... Y había la noche y luego la mañana, un día".

Yom Rishon - yom alef - 'primer día' - domingo (empieza antes de la puesta de sol)
Yom Sheni - yom bet - 'segundo día' - lunes
Yom Shlishi - yom gimel - 'tercer día' - martes
Yom Revi'i - yom dalet – 'cuarto día'- miércoles
Yom Hamishi - yom heh – 'quinto día' - jueves
Yom Shishi - yom wav – 'sexto día' - viernes
Yom Shabat - shabat - día de Sabbath (día de descanso) - sábado

La mayoría de la gente usa pan, sal y velas para inaugurar el nuevo hogar. El pan representa la esperanza de que siempre habrá comida suficiente, las velas son un símbolo de luz y alegría y la sal es un recordatorio de los sacrificios del Templo y las lágrimas derramadas. Los invitados son saludados por el anfitrión con una bendición de bienvenida:

"Bendecimos a todos los que vengan en el nombre de Dios con amor y paz para santificar este lugar y hacer de esta casa nuestro hogar".
El anfitrión recita entonces el shehecheyanu (recitado en muchas ocasiones jubilosas):
"Bendito seas tú, Señor nuestro Dios, Rey del Universo, quien nos ha dado la vida, nos ha sostenido y nos ha permitido llegar hasta esta ocasión".

Muchos judíos religiosos dejan un cierto espacio o muro sin decoración ni muebles, como una rememoración de la destrucción del Templo. Algunas casas tienen el llamado 'rincón de Dios', el cual es usado exclusivamente para oración y meditación.

En Israel ya se ha convertido en costumbre el dedicar un hogar en el momento de mudarse - el *janukat habait* (dedicación del hogar). En esta reunión, se dicen palabras de la Torá y la familia y amigos aprovechan la ocasión para expresar sus bendiciones y deseos para una estadía fructífera y feliz en el nuevo hogar. Hay bendiciones y canciones, algunas personas leen el Salmo 15, el cual sintetiza el ideal judío de conducta humana, y el Salmo 119, donde se forma un acrostico de la palabra *'bracha'* - bendición.

Durante la fiesta de bienvenida, se ha vuelto costumbre comer una nueva fruta, por lo tanto, la bendición de shehecheyanu aplica tanto al nuevo hogar como a la nueva fruta.
Si el clima lo permite, todos se reúnen en frente a la puerta delantera y meditan en silencio sobre las bendiciones que desean para el hogar.
'Hineh ma tov u'manayim, shevet achim gam yachad' (Mira que bueno es para los hermanos vivir juntos), es una de las canciones favoritas para una fiesta de inauguración.

Una parte importante de la ceremonia *Janukat Habait* es la fijación de la *mezuzá** en la puerta de entrada de la casa y en otras puertas (con excepción de puertas de baños y lavabos).
La *mezuzá* es uno de los varios símbolos del judaísmo, que actúa como un identificador, un recordatorio constante de la obligación de uno con Dios así como una afirmación de la Unidad de Dios.

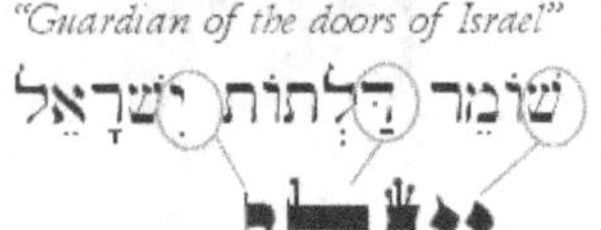

Una *mezuzá* puede estar hecha de madera, metal, piedra o cerámica. El pergamino dentro de la *mezuzá* está inscrito con las palabras de Deuteronomio 6:4-9 y 11:13-21. Shaddai o la letra hebrea *'shin'* aparece generalmente en el frente de la *mezuzá*. *Shaddai* (Todopoderoso) es uno de los nombres de Dios y una abreviación para 'Guardián de las puertas de Israel'.

Históricamente, la *mezuzá* puede ser rastreada al tiempo en que los judíos eran esclavos en Egipto - todas las casas egipcias tenían un sagrado documento en su entrada. *Mezuzá* significa literalmente 'jamba', debido a esto es colocada en las jambas (marcos verticales de las puertas) de los hogares judíos, cómo fue instruido en Deuteronomio 6:9 y 11:20: *"y la escribirás en los postes de tu casa y en tus puertas"*.

Originalmente, una versión abreviada de la oración diaria conocida como *la shema* era cavada en el marco de la puerta de un hogar judío. Esta práctica evolucionó a una pieza de pergamino con las veintidós líneas de la shema escritas en él y atado al marco. La shema refuerza la identidad de Dios. Después, una caña hueca se usó para proteger el pergamino. Este implemento se fue desarrollando hasta convertirse en un contenedor similar a los que vemos hoy en día.

Algunos creen que la mezuzá sirve como amuleto, para proteger el hogar y atraer la buena suerte. Para acentuar el mecanismo 'protector' de la mezuzá, algunos judíos ultraortodoxos agregan símbolos cabalísticos e inscripciones a las citas bíblicas del pergamino. *'Shaddai'*, que aparece en la parte trasera del pergamino, es un ejemplo de que esta costumbre aún permanece. Sin embargo, la mayoría ve a la mezuzá como un recordatorio para no pecar y para seguir los mandamientos de Dios.

Se considera un deber religioso tener una mezuzá en el marco de la puerta de entrada de un hogar judío. Es un *mitzvah* (mandamiento), un acto correcto, hacer (o donar) una mezuzá para el hogar de otra persona.

Después de fijar la *mezuzá*, el dueño de casa recita: *"Bendito seas Tú agraciado, nuestro Dios, soberano de todos los mundos, que nos santificas con tus mitzvot y nos ordenas fijar la mezuzá. Bendito sea Tú Eterno, nuestro Dios, que nos das la vida y nos mantienes fuertes y nos has traído a esta época"*.

Los invitados son entonces convidados a entrar al hogar para la bendición del pan: *"Bendito sea el que nos sustenta con pan"*.

En ese momento, todos introducen un trozo de pan en una serie de condimentos simbólicos: sal (que simboliza una vida de santidad), aceite (el sustento) o miel (la dulzura).

Después de la bendición de acción de gracias: *"Así como bendecimos la Fuente de Vida, también somos benditos"*, los invitados son convidados a compartir sus bendiciones personales para el nuevo hogar.

Una Oración

'Que nunca pasen por este umbral las siguientes cosas: rabia y ansiedad, odio y hambre, insultos e injurias.
Que esta mezuzá que besamos al llegar y al salir sea un recordatorio para que todos los que entren traigan con ellos sólo amor y alegría, alabanza y oración, bondad y confort. Que las puertas de esta casa permanezcan abiertas, para que todo el que entre en ella encuentre refugio y amor.'

CAPÍTULO 29

DEL *SHIDDUCH A LA CHUPÁ*

Emparejamiento en los Tiempos Bíblicos

El primer *shidduch** registrado en la Torá fue el emparejamiento que Eliezer, el sirviente del patriarca Abraham, hizo para el hijo de su amo, Isaac (Génesis 24). Eliezer recibió instrucciones específicas de elegir una mujer entre los propios familiares de Abraham. A través de la historia de los judíos, los matrimonios arreglados eran el método más usual y preferido para que la gente joven se casara. La profesión de 'casamentero' fue establecida en la Edad Media. La tarifa estaba estipulada en

un 2% de la dote. A menudo el *shadchan** era un estudioso de la Torá que conocía a la mayoría de las familias. Especialmente en los países musulmanes, las mujeres eran las *shadchan.*

La etimología de las palabras *shidduch y shadchan* es incierta. Se cree que deriva de la palabra aramea para 'calma'. El principal propósito del proceso de *shidduch* es que la gente joven se 'asiente' en el matrimonio. En hebreo moderno, una grapadora también es llamada *shadchan.*

Emparejamiento en la Actualidad

El *shidduch* es un sistema de emparejamiento utilizado en comunidades judías ortodoxas, en el cual los judíos solteros son presentados los unos a los otros con el propósito de acertar un matrimonio. En la ley judía, el *shidduch* también se refiere a lo que es comúnmente conocido como compromiso, es decir un acuerdo para casarse. Un shidduch cumple con la visión tradicional del judaísmo llamada *tzniut**, comportamiento modesto en las relaciones entre hombres y mujeres, y previene la promiscuidad.

A los judíos ortodoxos se les permite tener una cita sólo con el fin de encontrar un compañero (a) para casarse. Ambas partes (incluyendo la posible pareja, los padres, los familiares cercanos o amigos de las personas involucradas) hacen preguntas sobre el posible compañero(a), como por ejemplo su carácter, inteligencia, nivel de educación, estatus financiero, estatus de la familia, salud, apariencia y nivel de obediencia religiosa.

Un *shidduch* a menudo se inicia con una recomendación de los miembros de la familia, amigos u otros que ven el emparejamiento como un *mitzvah.*

Un *shadchan** (casamentero) profesional, cobra una cuota por sus servicios. Los rabinos, que conocen bien a su congregación, pueden actuar como casamenteros. Sin embargo, cualquiera que haga un *shidduch* es considerado un casamentero.

En las comunidades judías pequeñas, donde las oportunidades de conocer posibles parejas para contraer matrimonio son limitadas, el *shadchan* da acceso a un espectro más amplio de candidatos(as) potenciales.

Después que se ha propuesto la posible pareja, los potenciales esposos se encuentran una determinada cantidad de veces para definir si son el uno para el otro. El número de citas que se pueden dar antes de anunciar un compromiso varía según la comunidad. En algunos casos, las citas acontecen por meses. En comunidades más estrictas, la pareja puede decidir unos pocos días después del primer encuentro. Entre los hasídicos, la edad cuando el *shadchamim* toma conocimiento y empieza el *shidduchim* es a los dieciocho años. En otras comunidades puede ser a una edad mayor.

A petición de la pareja, durante las primeras etapas de las citas el *shadchan* habla con cada una de las partes para solventar las diferencias que puedan existir. Se espera que la pareja mantenga al shadchan al tanto de cómo va desarrollándose el *shidduch.*

Cuando el emparejamiento no funciona, el shadchan es contactado para que le avise a la otra parte que el proceso no continuará. En caso de que sí funcione, la pareja obviamente informa al *shadchan* sobre su éxito.

Bashow*

La potencial pareja empieza a salir (siempre en lugares públicos, nunca solos) o, en comunidades más estrictas, van a un *bashow** (significa 'sentarse'). El joven y sus padres visitan a la joven en su casa, para ver si la potencial pareja es compatible. Los padres de ambos hablan entre sí y luego, cuando el ambiente está más distendido, van a otra habitación. A los jóvenes se los deja en la sala

para que conversen. Algunos usan esta oportunidad para hacerse preguntas importantes, mientras que otros sólo quieren comprobar si se gustan mutuamente, confiando más en la información que obtienen del shadchan o de otras personas. El número de *bashows* que ocurren antes de anunciar el compromiso varía. Algunos tienen muchos bashows, mientras que otros tienen sólo uno, lo cual es típico entre los hijos de los rabinos hasídicos.

Bashert

El bashert* (destino - en Yiddish) es usado en el contexto de un cónyuge o alma gemela divinamente predestinada-
'*basherte*' (femenino) o '*basherter*' (masculino). Algunas personas usan la palabra para el destino de un evento importante, una amistad o un acontecimiento.

Los judíos modernos que están solteros usualmente dicen que están buscando a su bashert - la persona que los complementará perfectamente y a quien ellos complementarán perfectamente. Ya que se considera que la persona con la que uno se casa es algo predeterminado por Dios, el cónyuge es considerado el (la) *bashert* por definición, independientemente de si la vida marital funciona bien o no.

Considerando la prevalencia de un número de enfermedades genéticas, tanto en la comunidad sefardí como en la asquenazi, hay varias organizaciones que realizan chequeos de rutina a grandes grupos de jóvenes de manera anónima. Cuando se sugiere un *shidduch*, los candidatos llaman a una de estas organizaciones, ingresan los números de identificación personal de ambos y descubren si su unión puede resultar en niños críticamente discapacitados. Gracias a estas organizaciones, ha habido un significativo descenso en el número de niños nacidos con la enfermedad de Tay-Sachs y otros desórdenes genéticos.

UNA BODA JUDÍA

"Porque tus hijos se desposarán contigo, de la manera que un joven se desposa con una doncella; ¡tu Dios se recreará contigo como se recrea el esposo con la esposa!"
Isaías 62:5

Una Boda Judía en los Tiempos Antiguos

En los tiempos bíblicos, el matrimonio era un asunto de negocios más que de placer. A través de un pacto negociado, dos hogares (preferiblemente familia) eran juntados y se intercambiaban bienes y servicios por un periodo de tiempo. El padre del hogar era responsable de escoger quien estaba disponible para casarse. Usualmente era un amigo del novio, o un sirviente de confianza, quien empezaba las negociaciones con el padre de la novia u otro representante.

El contrato de matrimonio sólo se establecía luego de una serie de negociaciones. Se debía acordar el *mohar* (precio de la novia) y el *zebed* (dote). El precio de la novia tenía que compensar a su familia por la pérdida del trabajo de la joven, mientras que la dote era el capital que la familia de la novia invertía en el hogar de su esposo. Era transferida la parte de la herencia que le correspondería a la novia para los hijos que ella y su esposo esperaban tener. Parte de la dote podía ser entregada en forma de una diadema de monedas, que era colocada en el tocado de la novia.

Los hombres por lo general se casaban con unos veinte años de edad, mientras que las mujeres se casaban a los quince o aún más jóvenes.

Durante la ceremonia de compromiso matrimonial, la novia levantaba una copa de vino con su mano derecha (la mano derecha era un lugar de poder). Al tomar de la copa, ella sellaba el compromiso. Se hacía un contrato de matrimonio por escrito, donde se establecía que el *jatan** (literalmente 'el que entra al pacto', el novio) proveería y cuidaría a su esposa de todas las formas. Luego de ser firmado por dos testigos, el contrato era entregado al padre de la novia.

Luego de esto, la pareja tomaban de la llamada 'copa compartida', la copa del brit (pacto). Una vez que se aseguraba el compromiso, es decir se sellaba, los dos estaban oficialmente casados.

El contrato (compromiso) era un acuerdo privado en el cual el padre de la novia expresaba: *'Ahora serás mi yerno'* (véase Samuel 18:21). Después de esto, el novio traía obsequios para la novia y su familia.

El contrato era tan vinculante que no podía ser roto sin un divorcio oficial. Se consideraba que la pareja ya estaba unida desde el período en que empezaba el contrato de compromiso hasta el día de la boda. Aunque ellos estaban ahora oficialmente 'casados', no podían aún vivir juntos ni tener relaciones sexuales. Desde este día en adelante, la joven debía usar un velo para salir de su casa, incluso cuando iba a encontrarse con su pareja.

Antes de volver a la casa de su padre, el novio generalmente hacía un juramento, afirmando que volvería por su esposa. Usualmente podía transcurrir hasta un año antes de que la boda ocurriera. Durante este tiempo, el novio construía la cámara nupcial y la novia preparaba su ajuar de matrimonio.

Ella no sabía el momento exacto en que el novio vendría. Sólo cuando el padre del novio decidía que la cámara nupcial estaba lista, permitiría que su hijo fuera a buscar a su prometida. Las bodas por lo general ocurrían durante la primavera (cuando se terminaba la estación lluviosa), antes de cosechar los granos, o en otoño, después de la cosecha de los cultivos de frutas. Algunas veces el novio y sus amigos iban en plena noche a buscar a la novia. Para avisarle que estaban yendo (para que la novia estuviese lista), soplaban el *shofar**.

Una novia hebrea es llamada kallah* (que significa 'completa' o 'cerrada'). Antes de la boda, ella pasa por un ritual de inmersión (*mikvá / mikvé*) para simbolizar su alejamiento de las cosas que hacía antes e iniciar una nueva vida con su esposo.

Sus 'compañeras' le trenzaban el cabello y la ayudaban a ponerse un vestido de colores brillantes. Luego se la adornaba con todas las joyas que poseyera. Sobre su velo había accesorios ornamentales, sugiriendo la apariencia de una reina, mientras que el novio también usaba una diadema sobre su cabeza. A veces la novia y el novio eran cargados sobre una litera, como un rey y una reina. Durante la procesión nupcial, la novia usaba varios velos. Debía permanecer así hasta que el matrimonio fuese consumado, durante la primera noche.

Otra costumbre era que el novio removiera el velo, lo colocara sobre su hombro y declarara: *"El gobierno estará sobre este hombro"*. Esto indicaba que la novia había pasado de estar bajo la autoridad de su padre a estar bajo la autoridad de su esposo.

Iluminada por portadores de antorchas y acompañada por panderetas y músicos, la procesión avanzaba hasta la casa del novio. Los sabios acompañantes de la novia se aseguraban de que hubiera suficiente aceite en sus lámparas como para acompañar a su amiga a la fiesta de casamiento.

La fiesta de bodas comenzaba justo con la llegada de la pareja a la casa del novio. El pacto del matrimonio era ratificado cuando el colocaba su capa sobre la novia y la llamaba isha (esposa). La pareja era bendecida diciendo: *"Nuestra hermana, que puedas aumentar en número de miles en miles y que tus hijos posean las puertas de sus enemigos",* Génesis 26:40.

Las familias adineradas entregaban vestidos propios para el casamiento a sus invitados. La fiesta de casamiento era un momento para el regocijo, la música, la danza, el canto y los acertijos. El vino fluía y había mucha comida.

A vista de los invitados a la boda, la pareja se retiraba a la cámara nupcial para consumar su matrimonio. Convertirse en echad (una carne) también es llamado *kidushim /kidushin* (santificación o ratificación). El nombre antiguo era *yichud** ('el conocimiento').

La familia de la novia mostraba las cubiertas de la cama manchadas de sangre a los invitados, quienes eran ahora testigos de que el matrimonio había sido consumado. Esta prueba de la virginidad de la novia era su póliza de seguro. En caso de duda, sus suegros podrían rechazar pagar el precio acordado por la novia.

Un matrimonio se tornaba legal cuando la dote y el precio de la novia eran pagados, lo cual ocurría durante los siete días de las celebraciones nupciales. La transferencia debía ser observada oficialmente por los ancianos de la aldea o de la ciudad y otros invitados de la boda.

La cámara nupcial, en la cual la pareja consumaba su matrimonio, empezó a ser llamada *chupá** en los tiempos del Talmud. La pareja, ya legalmente casada, primero pasaba una hora juntos en un cuarto común, luego de lo cual la novia se dirigía a la *chupá*. Sólo después de obtener su permiso, el novio se unía a ella. En Joel 2:16 y en Salmos 19:5 se habla sobre la 'cámara nupcial' y un 'pabellón'.

En los tiempos del Talmud, el domingo y el miércoles eran días apropiados para una boda porque la corte se reunía los lunes y los jueves. Cualquier disputa sobre la virginidad de la novia podía ser interpuesta el día siguiente a la noche de bodas.

Algunas comunidades preferían tener sus bodas durante el *Rosh Jodesh** (a menos que coincidiera con el Shabat u otro día prohibido). La luna creciente era considerada como un símbolo de crecimiento y fertilidad. Debido a que viajar, trabajar y cerrar acuerdos está prohibido durante el Shabat, las bodas no podían realizarse durante ese día.

El Shabat era un día para la alegría y cada ocasión para la dicha y la celebración debía ser observada individualmente y no ser combinada con otra. Dos miembros de la misma familia ni siquiera llegarían a pensar en casarse el mismo día.

Una boda judía en la actualidad

En los tiempos modernos, *yom shlishi*, el tercer día de la semana (martes) continúa siendo el día favorito para realizar una boda, debido a que Génesis 1:10-12 dice en dos ocasiones: *"... y Dios vio que era bueno".*

Los dos eventos (compromiso y matrimonio) se convirtieron en una sola ceremonia en la Edad Media (cerca del siglo XVI). Hoy en día, una boda judía tiene dos etapas o *kidushim* (santificación o dedicación), que son el *erusin* (compromiso) y el *nisuin* (matrimonio). Mientras que en los tiempos antiguos podía transcurrir un año entre ambos eventos, hoy en día están combinados en una sola ceremonia.

Las costumbres y tradiciones nupciales varían entre los judíos sefardíes y asquenazis, así como entre aquellos que tienen distintos grados de obediencia religiosa. En este capítulo describimos las costumbres de una boda religiosa asquenazi.

El *jatan** (novio) y la *kallah* (novia) son equiparados con un rey y una reina y por lo tanto deben ser tratados con gran honor y algarabía antes, durante y en la semana posterior a la boda.

Una costumbre reciente es la *Shabat kallah,* la cual se realiza en el Shabat anterior a la boda. Las amigas celebran a la novia, le proporcionan alegría, la hacen reír y la ayudan a superar los nerviosismos de última hora.

El *mikvá/mikvé ** (baño ritual) es una parte esencial de las leyes judías indicando la pureza familiar. Durante el periodo del compromiso, es costumbre que la pareja estudie estas leyes con un maestro. Para purificarse a sí misma espiritualmente, la novia se sumerge en el *mikvé* faltando no más de cuatro días para la boda. Usualmente el novio también realiza un baño ritual, por la misma razón que la novia. No se permite que el novio y la novia se vean en la semana antes de la boda. La comunidad considera que esto aumenta la alegría de volverse a ver en el día del casamiento.

Un(a) *shomer/shomeret ** (literalmente 'guardia') tiene el rol de padrino/dama de honor. Actúan como intermediarios de la pareja durante la semana que no se pueden ver. El día de la boda, ellos se aseguran de que el novio y la novia lleguen a la boda de manera segura y tan libres de estrés como sea posible. Debido a que la pareja está a punto de iniciar una nueva vida junta, el día de la boda se considera el Yom Kipur personal para la novia y el novio. Los judíos religiosos incluso agregan la confesión de *Yom Kipur* a sus oraciones privadas de la tarde. Esta es la razón por la cual muchas parejas evitan comer o beber el día de su boda, a menos que se sientan débiles o tengan una enfermedad.

Los *tena'im** son documentos desposorios similares a un contrato de compromiso, acordado y firmado por dos representantes - uno por parte del novio y otro por parte de la novia. Debido a que romper un desposorio se considera una violación al honor, la mayoría de las parejas acuerdan firmar el *tena'im* justo antes de la boda.

*Kabalat Panim** (literalmente 'saludo de las caras') es la recepción de apertura de la boda. Durante la Kabalat Panim, la novia y el novio se convierten en algo parecido a un Rey y una Reina. Sentada en una silla parecida a un trono y rodeada de las mujeres de su familia, la novia saluda a sus invitadas femeninas. En su rol de reina por un día, ella por lo general también bendice a sus amigas. Los invitados masculinos van a saludar al novio en su *Tisch* (mesa- en Yiddish). Ellos también hacen un *l'chaim* (brindis) en su honor. Durante la recepción, el tena'im es concluido y firmado por dos testigos.

Después de haber leído el tena'in en voz alta, se procede a la ceremonia de 'romper el plato'. Al romper un plato de cerámica juntas, las madres de la novia y el novio simbolizan la seriedad del compromiso entre sus familias - así como romper un plato es un hecho definitivo, también lo es el compromiso.

Ya legalmente comprometidos, la pareja puede ser contractualmente casada. Dos testigos firman la *ketubah*, expresando la obligación del esposo hacia su esposa, desde sustentarla en sus necesidades básicas a honrarla y apreciarla. El documento también describe como el esposo debe apoyar a su esposa durante su vida juntos y, ni Dios permita, en caso de muerte o divorcio. Este acuerdo, legalmente vinculante, es escrito como un manuscrito ilustrado. Muchas personas lo mandan enmarcar y lo exhiben en su hogar.

Según la ley ortodoxa judía, una ketubah es considerada vinculante una vez que haya sido firmada por dos testigos. Las firmas de la novia, el novio y el oficiante de bodas son una adición moderna a la *ketubah* y no son requeridas para que sea vinculante. En tiempos antiguos, el novio leía el documento arameo en voz alta y dos hombres adultos - sin vínculos con el novio o la novia - firmaban el mismo, atestiguando así el consentimiento verbal del novio con el contrato de la ketubah.

Incluso con el contrato firmado, la pareja sólo es considerada oficialmente casada después de la ceremonia en la *chupá.*
La costumbre de que la novia use un velo se remonta a la época de la matriarca bíblica Rebeca, quien se colocó un velo al ver a su futuro esposo Isaac (Génesis 24:25). La *bedecken* (cubierta - en Yiddish) es cuando el novio le coloca el velo a la novia. Con mucha algarabía, música y danza, los invitados escoltan al novio hasta donde está la novia. Él la mira cuidadosamente, para confirmar que en efecto es ella la elegida y que no será engañado como Jacob cuando Lea fue sustituida por Raquel (Génesis 29:23). Luego, el novio coloca el velo sobre el rostro de la novia. El padre de la novia da entonces una bendición especial a su hija.

Rodeado de sus entusiastas amigos, el novio es escoltado para afuera del salón para que se prepare para la *chupá.*
En tiempos antiguos, la *chupá* era la cámara nupcial o un pabellón. Con el pasar del tiempo, ha perdido su significado original y éste fue reemplazado por otras costumbres. La ceremonia de boda era realizada bajo una especie de cubierta o pabellón, que era llamada *chupá*. La entrada de la novia bajo esa cubierta (que se asemejaba a una habitación) era vista como un símbolo de la consumación del matrimonio.

Hoy en día la *chupá* (literalmente 'cubierta') es una especie de toldo bajo el cual el novio y la novia permanecen durante la ceremonia de matrimonio. Consiste en una tela o sábana (a veces un talit) extendida sobre cuatro mástiles. Algunas veces los amigos del novio sostienen los mástiles. Una chupá simboliza el hogar que la pareja construirá junta. Este 'hogar', que inicialmente no tiene muebles, es un recordatorio de que la base de un hogar judío es la gente que está en él y no las posesiones. En un sentido espiritual, la cubierta de la *chupá* representa la presencia de Dios sobre el pacto del matrimonio. Al no tener muros, estimula a la pareja a seguir el ejemplo de Abraham y Sara, cuya tienda siempre estaba abierta a invitados.
El novio entra primero a la *chupá*, para representar la posesión del hogar en nombre de la pareja.

Cuando la novia entra a la *chupá*, es como si el novio le proveyese un techo y vestimenta - así demuestra públicamente sus obligaciones para con ella.

En muchas comunidades el novio es acompañado hasta la *chupá* por los dos padres y la novia por las dos madres, ellos son llamados los *unterfirers* (literalmente 'los que lideran').

El novio es bienvenido con la canción *'Baruch HaBa!'* (Bendito el que viene). Un novio asquenazi por lo general va a estar vestido con una túnica blanca sencilla, conocida como *kitel**. El hecho de ambos estar vestidos de blanco simboliza la pureza y crea una imagen angelical.

Entrando por último, la novia se encuentra con el novio y camina alrededor de su futuro esposo tres o siete veces. Esto puede derivar de Jeremías 31:22: *"una mujer deberá rodear al hombre".* Los tres círculos pueden representar las tres virtudes del matrimonio: rectitud, justicia y bondad amorosa (véase Oseas 2:21). Siete es el número de la perfección y la plenitud. También simboliza los siete días de la creación y el hecho que la pareja está a punto de crear su propio 'nuevo mundo' junta. Siete veces está escrito en la Torá: *"... Y cuando un hombre toma a su esposa".*

Josué recorrió la ciudad de Jericó siete veces. Cuando dos personas se unen en matrimonio, pueden existir 'muros' entre ellos, los cuales deberán ser derribados.

Después de circundar al novio siete veces, la novia se para a su diestra bajo la *chupá*.

La ceremonia de bodas empieza con un *kidush** (bendición del vino). El rabino recita una bendición sobre una copa de vino y una segunda bendición de santificación sobre el matrimonio. La novia y el novio beben entonces de la copa.

Al colocar un anillo de oro sólido en el dedo índice derecho de la novia (el dedo más visible para los testigos) el novio declara: *'Mirad, estás consagrada ante mí con este anillo, bajo las leyes de Moisés e Israel'.*

El anillo valida el contrato de matrimonio y lo consagra. Los anillos judíos deben ser hechos de oro, plata o platino continuo, sin piedras preciosas ni agujeros que interrumpan el círculo. La continuidad del anillo representa la esperanza de un matrimonio duradero.

Algunas veces la novia también presenta un anillo para el novio, citando del Cantar de los Cantares: *"ani l'dodi, ve dodi li"* (Soy de mi amado y mi amado es mío), lo cual puede ser también inscrito en el anillo. Para evitar problemas con la Ley Judía, este anillo es a veces presentado fuera de la chupá. Las dos bendiciones (sobre el vino y el matrimonio) junto con la entrega del anillo, completan la ceremonia de compromiso.

Para hacer una distinción entre la ceremonia de compromiso y la de matrimonio, se lee la ketubah en voz alta, luego de lo cual el novio entrega el documento a la novia. Ahora que son oficialmente marido y mujer, comienza la segunda mitad de la ceremonia con una costumbre llamada *Nisuin* (levantamiento).

Se llena una segunda copa de vino, durante lo cual se recitan las *sheva brachot* * (Siete Bendiciones). Estas bendiciones especiales son recitadas debajo de la *chupá* y al final de la comida festiva que sigue a la ceremonia. Es un gran honor ser llamado para recitar una de las siete bendiciones.

- La primera bendición es recitada sobre una copa de vino, es la señal del regocijo.
- La segunda bendición agradece a Dios por haber creado el mundo y honra los invitados de la boda.
- La tercera y cuarta bendición reconocen la creación física y espiritual de la humanidad por parte de Dios.
- La quinta bendición es una oración por la restauración de Jerusalén y la reconstrucción del Templo Sagrado.
- La sexta bendición expresa la esperanza de que la novia y el novio crezcan en su amor mutuo.
- La séptima bendición es una oración que habla del tiempo en que el Mesías vendrá a redimir al pueblo judío de su exilio para que la paz y la tranquilidad reinen sobre el mundo.

La novia y el novio beben ahora de la segunda

copa de vino, después de lo cual el novio rompe un cristal con su pie. Seguidamente, todos los invitados gritan: '*Mazal tov!*' (¡Felicitaciones y buena suerte!).

Algunos ven el acto de romper el vidrio un recordatorio simbólico de la destrucción del Templo en Jerusalén, otros lo interpretan como un símbolo de la fragilidad de la relación. Durante esta parte de la ceremonia, el Salmo "*Si me olvido de ti, Oh Jerusalén*" (Salmos 137:5) es por lo general recitado o cantado.

La novia y el novio, ahora marido y mujer, son acompañados hasta una habitación privada donde permanecen de diez a veinte minutos en mutua compañía. No deben ser molestados en el cuarto del *yichud** (unión, encierro). Cuando regresan, es momento de cenar con música y danza.

En las bodas judías ortodoxas se considera un *mitzvah* (buen deber) entretener a la novia y el novio. Los amigos del novio hacen acrobacias o usan disfraces divertidos para entretener a la pareja. A esto se le llama *Simchat Jatan ve'Kallah.* Durante este proceso de 'alegrar al novio y la novia', los invitados bailan a su alrededor, a menudo usando un '*shtick*' - ítems tontos como señales, carteles, disfraces, confeti y cuerdas para saltar hechas de servilletas.

En habitaciones separadas (o en una habitación dividida por una cortina) los invitados masculinos y femeninos disfrutan de una 'danza *Simcha*'. Mientras cantan '*Hava Nagila*' los invitados danzan la *Horah*, una muy conocida danza judía en círculo.

La parte más memorable de la boda es cuando los miembros de la familia y los rabinos honrados son invitados al *Mitzvah Tantz* (véase la página siguiente).

Birkat Hamazon (la Gracia después de las Comidas, *Benshen* en Yiddish) es recitada al final del banquete para agradecer a Dios por la comida y el sustento que ha sido disfrutado. Una segunda recitación de las Sheva Brachot (Siete Bendiciones) repite las bendiciones que fueron dadas bajo la *chupá.*

Una *Birkat Hamazon* formal se hace con dos copas de vino. La primera copa es sostenida por el que lidera las oraciones. La segunda es pasada de mano en mano entre aquellos que han sido honrados para recitar seis de las siete bendiciones. La última bendición es hecha sobre el vino. Luego, ambas copas de vino son vertidas en una tercera copa, simbolizando la creación de una nueva vida juntos, y es bebida por el novio y la novia.

MITZVAH TANZ

Antes de este evento especial, la novia y unas cuantas mujeres, generalmente de su familia y algunas rebetzins (esposas de rabino) importantes, son traídas a la sección de los hombres. En algunas ocasiones, la mechitza es apartada completamente y las mujeres quedan enfrentadas a los hombres, que se encuentran del otro lado de la sala.

Esta danza nupcial es distinta a cualquier otra danza. La novia (que a menudo lleva velo) se mantiene como una visión luminosa blanca entre los invitados masculinos de la boda. Ella sostiene un extremo del *gartel** mientras que el otro extremo es sostenido por la persona que haya sido designada para danzar con ella. El orden de las personas que bailan es significativo: los tíos y hermanos, luego el suegro, que abre camino para que ella baile con su padre, quien le da la prioridad al novio - la otra mitad de su alma. La *Mitzvah Tanz* es una danza de la *Shekinah* y del pueblo judío, que fue encontrado. Los invitados a la boda disfrutan observando esta danza, porque sus propias almas están danzando. Juntos como uno, ellos experimentan el agradecimiento profundo de la novia y el novio volviendo a casa. La *Mitzvah Tanz* es como una respuesta que habla sin palabras. Conmueve con apenas un sutil movimiento. Eleva con el suave toque de los pies. Habla del vuelo de las almas, el ave ascendiendo y luego volando bajo, la tierra y los cielos. Es una danza de uno y no de dos - una danza de Uno.

En la semana siguiente a la boda, es costumbre que los amigos y familiares organicen comidas festivas en honor a la nueva pareja. Es llamada la semana de *Sheva Brachot*, ya que en cada una de las comidas festivas, las siete bendiciones son repetidas después de la *'Gracia después de las Comidas'*. En el Shabat siguiente a la boda, es costumbre que el novio sea invitado para un *Aufruf**, para recitar una bendición sobre la Torá. Mientras la congregación canta *'Siman tov u'mazal tov'*, el novio es bombardeado con caramelos - una forma divertida de desear una dulce nueva vida.

Esta costumbre está basada en una fuente del Talmud que describe como el Rey Salomón construyó una puerta especial para los novios, quienes debían pasar por ella durante el Shabat para ser bendecidos y saludados por la familia y amigos. Después de la destrucción del Segundo Templo, la costumbre se pasó a realizar en la sinagoga.

Es tradicional que los invitados a la boda lleven un sobre con dinero, para ayudar a pagar los gastos de la cena y el alquiler del salón de fiestas. Desafortunadamente, el ruido de la banda musical es generalmente muy alto como para poder tener una conversación con los demás invitados de la mesa. Sin embargo, ser invitado a una boda religiosa es una experiencia inolvidable.

CAPÍTULO 30

CUMPLEAÑOS

La única referencia bíblica a un cumpleaños fue la de un faraón (Génesis 40:20). La *Mishná* se refiere solamente a las celebraciones de cumpleaños de gobernantes paganos, no mencionando ninguna celebración de cumpleaños entre los judíos. En los tiempos antiguos, los judíos veían el cumpleaños como un recordatorio triste de que la vida se estaba acercando a su fin, un día solemne de reflexión y arrepentimiento más que una festividad.

Según los sabios judíos, durante el cumpleaños el '*mazal*' de la persona es algo dominante. El Talmud explica que el milagro de Purim es ampliamente atribuido al hecho de que el cumpleaños de Moisés ocurrió durante el mes de Adar. El *Rosh Hashaná* es visto como el cumpleaños de Adán, mientras que la Pesach es vista como el cumpleaños colectivo de la Nación Judía (véase Ezequiel 16).

Hoy en día, un cumpleaños judío es visto como un día para expresar gratitud a Dios por haber sido traído a este mundo. La persona tiene una misión: iluminarlo con el brillo de la Torá y los *Mitzvot*. Al ser comparado con un Rosh Hashaná personal, se espera que uno use la experiencia de vida lograda para hacer que el año siguiente sea más productivo y fructífero.

Muchos israelíes celebran sus cumpleaños, aunque esto sea una práctica copiada de los no judíos. Un pastel de cumpleaños siempre tiene una vela extra – para el nuevo año. Una bendición de cumpleaños muy común es '*Que vivas hasta los 120*' - la edad a la que murió Moisés (véase Deuteronomio 34:7).

En Salmos 90:10 se sugiere que es bueno que la persona que ha llegado a los 70 u 80 años, dé un agradecimiento especial a Dios por haberlo perdonado.

Según la Ética de los Padres 5.21:
"Los 5 años de edad para el estudio de la Biblia;
10 para el estudio de la Mishná,
13 para los mandamientos,
15 para el estudio del Talmud,
18 para el matrimonio,
20 para ganarse la vida,
30 para el poder,
40 para el entendimiento,
50 para dar consejos,
60 para la edad mayor,
70 para los cabellos grises,
80 para la fortaleza especial,
90 para la espalda torcida,
100 - es como si ya hubiese muerto y partido."

BRIT MILÁ - CIRCUNCISIÓN

"Éste es el pacto que yo hago con ustedes, y que ustedes guardarán; es decir, tú y tu descendencia: Todo varón que haya entre ustedes será circuncidado. Ustedes circuncidarán la carne de su prepucio, como señal del pacto entre nosotros. A los ocho días de nacido será circuncidado todo varón que haya entre ustedes, en todas sus generaciones; lo mismo los nacidos en casa como los comprados por dinero a cualquier extranjero, y que no sean de su linaje. Será circuncidado el que nazca en tu casa, y el que compres con tu dinero; mi pacto estará en la carne de ustedes como pacto perpetuo. Todo hombre incircunciso, que no haya circuncidado la carne de su prepucio, será eliminado de su pueblo por haber violado mi pacto.", Génesis 17:10-14.

La Circuncisión en Tiempos Antiguos

Los niños, especialmente los niños varones, eran (y aún son) vistos como una bendición del señor. Las hijas dejarían la familia al momento de casarse, pero los hijos se quedarían. Ellos eran el seguro de la vejez para sus padres.

En los tiempos del Antiguo Testamento, un niño de cualquier sexo recibía el nombre el día que había nacido.

En los tiempos del Nuevo Testamento, un hijo varón recibía su nombre el día de su circuncisión. Remover el prepucio por medio de un corte era la práctica común cuando los israelitas se establecieron en Canaán. Usando un cuchillo de sílex, el padre le hacía la circuncisión a su hijo el octavo día (Levítico 12:3). Esta era la señal externa del pacto entre Dios e Israel (Génesis 17:10-14).

Sólo aquellos que habían sido circuncidados eran aceptados en la comunidad de personas que era separada de sus vecinos paganos. Ningún extranjero no circuncidado podía compartir la Pascua. Los cabezas de hogar también circuncidaban a sus esclavos, fuesen nativos o extranjeros.

El Brit Milá en la actualidad

Después del nacimiento de un niño, al padre se le da el honor de una *aliyah** en la sinagoga. La congregación recita una bendición por la salud de la madre y el niño. La niña recibe su nombre durante su *aliyah*, pero el niño recibe su nombre durante el *Brit Milá.*

De todos los mandamientos del judaísmo, el *Brit Milá* (literalmente 'pacto de circuncisión') es probablemente el más observado universalmente. Se le llama comúnmente *bris* (pacto - en Yiddish) o *brit.* En Israel, hasta los judíos seculares respetan estas leyes. El mandamiento de circuncidar fue dado en Génesis 17:10-14 y Levítico 12:3.

El pacto fue originalmente hecho por Abraham y se convirtió en el primer mandamiento específicamente para judíos. El Brit Milá es realizado en niños de ocho días por un *mohel**.

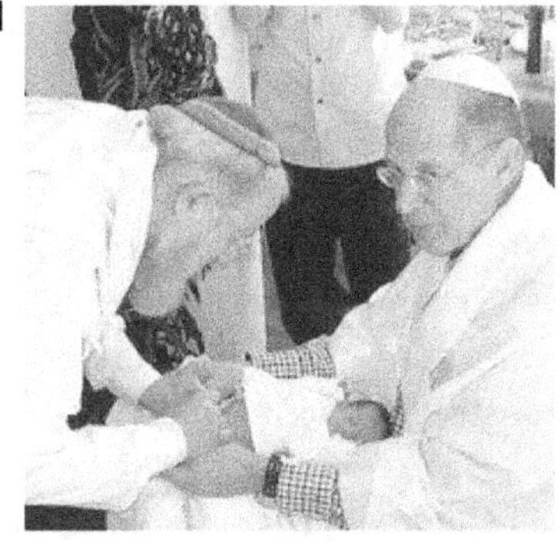

Los científicos han comprobado que el mecanismo de coagulación de un infante se estabiliza a partir del octavo día de vida. Aunque algunas culturas tienen la costumbre de remover todo o una parte del clítoris de la mujer, algo llamado erróneamente 'circuncisión femenina', este ritual nunca ha sido parte del judaísmo.

La mayoría de los *brit milá* son hechos en la sinagoga, pero también pueden ser hechos en la casa u otro lugar. Tradicionalmente, un brit es realizado por la mañana pero puede llevarse a cabo a cualquier hora del día (siempre que aún haya sol) e incluso en un Shabat.

En caso que el bebé haya nacido prematuro o que tenga problemas médicos serios, el Brit Milá será pospuesto hasta que los doctores y el mohel determinen que el niño ya está lo suficientemente fuerte.

Un *mohel* es un judío devoto religioso, educado en las leyes judías y en técnicas quirúrgicas relevantes. La circuncisión hecha por un cirujano no califica como un brit milá válido, independientemente de si un rabino realizó una bendición del acto. La razón de esto es que la remoción del prepucio es vista como un ritual religioso y debe ser hecha por alguien que esté religiosamente calificado.

La persona que lleva el bebé de la madre al padre se llama k*vatter o kvatterin* (femenino). Este honor es por lo general otorgado a una pareja sin niños, como un mérito o *segulá** (trae buena suerte) para que puedan tener hijos propios. El término puede haber derivado de 'gevatter', una palabra alemana arcaica que significa padrino, o una combinación de las palabras *kavod* (honor) y *tor* (puerta, en Yiddish). En otras palabras, 'la persona honrada en traer el bebé'. Luego, el padre lleva a su hijo al *sandak** (padrino), la persona honrada en sostener al niño durante su circuncisión.

El *sandak,* que por lo general es uno de los abuelos o el rabino de la familia, se sienta en una silla ornamentada. Este asiento es apartado tradicionalmente para Elías, quien se dice que preside todas las circuncisiones. Se recitan distintas bendiciones (incluyendo una sobre el vino) y una gota de vino es colocada en la boca del niño.

Ahora es el momento de darle al niño su nombre hebreo formal. Estos nombres son mayormente usados en rituales judíos, como en el momento de llamar a alguien a la Torá para una *aliyah** o en el *ketubah** (contrato de matrimonio). La forma estándar de un nombre hebreo es la siguiente: Moshe ben Joseph (Moisés, el hijo de José). Una niña recibe el nombre de la siguiente manera: Rivka bat Joseph (Rebeca, la hija de José). Si el bebé es un Cohen (de un linaje sacerdotal) se le agrega '*ha Cohen*'. Si el bebé pertenece a la tribu de Leví, se le agrega '*ha Levi*'. Entre los asquenazi, es costumbre ponerle al bebé el nombre de una persona que ha muerto recientemente. Esto se hace para honrar ese familiar muerto y porque se cree que es de mala suerte colocarle el nombre de una persona viva. Los judíos sefardíes usualmente no les colocan a sus hijos los nombres de sus padres o de un familiar vivo.

Después de la ceremonia se realiza una seudat *mitzvah* (comida de celebración). Una vez finalizada la *birkat hamazon (*bendición después de la comida,) se recitan oraciones especiales pidiéndole a Dios que bendiga a los padres, al *sandek* y al *mohel*. Ellos también le

piden a Dios que envíe al Mesías y a Elías el profeta, conocido como 'el Cohen recto'. Su venida completará el pacto de Dios para restablecer el trono del rey David.

Pidión HaBen
La Redención del Primogénito

La costumbre en los Tiempos Antiguos
Según la ley judía, un primogénito tenía que ser redimido cuando cumpliese los 30 días. Cuando se acababan los días de purificación de la madre, los padres llevaban al niño al templo. Al pagarle al sacerdote cinco shekels de plata, el niño quedaba 'redimido' (véase Números 3:47-48). Más tarde, la cuota de redención de cinco shekels se convirtió en un impuesto religioso.

La Costumbre en la Actualidad
La mayoría de los judíos religiosos y ultraortodoxos continúan cumpliendo el ritual de *Pidión HaBen.* La ceremonia mencionada en Números 18:15-16 sólo se aplica a niños que hayan nacido por parto natural. Si el primer embarazo se interrumpió con más de 40 días, el hijo siguiente no tiene que ser redimido. La redención del primogénito tampoco aplica a los miembros de la tribu de Levi o a los niños nacidos de una hija de un miembro de la tribu de Levi.

Aunque el ritual del *brit milá* se puede realizar en un Shabat, el ritual de Pidión HaBen no se puede realizar ese día ya que implica un intercambio de dinero.

En la ceremonia tradicional, que se realiza frente a un *minyan**, el padre trae el bebé ante el Cohen. En algunas ocasiones el bebé es presentado sobre una bandeja de plata y rodeado de joyas que le fueron prestadas para la ocasión por las invitadas femeninas. Sea recitando una fórmula o respondiendo a preguntas rituales, el padre declara que este es el primogénito de la madre israelí y que ha venido a redimirlo como manda la Torá.

El Cohen (del linaje sacerdotal de Aarón) le pregunta al padre qué preferiría tener: su bebé o los cinco shekels de plata que debe pagar. Después de responder que prefiere a su hijo antes que el dinero, el padre recita una bendición y entrega las cinco monedas de plata (o el equivalente en plata sólida) al Cohen. Sólo un rabino que también sea Cohen puede validar la redención. Mientras sostiene las monedas sobre el bebé, el Cohen declara que el precio de la redención es recibido y aceptado en lugar del hijo primogénito. Luego bendice al bebé y lo regresa a la custodia de su familia.

Este evento especial es seguido de una comida festiva. Algunas veces se les regala a los invitados dientes de ajo y cubos de azúcar. Se cree que al usar estos elementos, aquellos que los comen extienden el *mitzvah** de haber participado en la ceremonia.

CEREMONIA DEL WIMPEL

El *wimpel** (en Yiddish/Alemán: 'tela', derivada del alemán antiguo, *'bewimfen'*, que significaba 'cubrir' u 'ocultar') es una banda larga de lino que los judíos alemanes usaban como cubierta de la *Sefer Torá.* Era confeccionada a partir de la tela usada para envolver al bebé durante su *brit milá.* Esta costumbre unía a la comunidad judía con el ciclo de vida del propio individuo.

En la Edad Media, la mayoría de los rollos de la Torá eran envueltos en un *mappah** (tela). Se consideraba un *mitzvah* y un honor donar dicho mappah a la congregación. A menudo el novio donaba uno en la víspera de su boda. Debido a que la mayoría de las cubiertas eran hechas de tela vieja, algunos rabinos lo desaprobaban - ellos pensaban que era irrespetuoso para la Torá.

También durante la Edad Media, era costumbre envolver las piernas del bebé luego de la circuncisión para prevenir que se moviera y se quitara los vendajes. Un día, el *mohel* olvidó traer la tela para las piernas del bebé. Creyendo que esto era una situación de vida o muerte, el rabino le dio permiso para que el *mohel* usara un *mappah* de sobra de uno de los rollos de la Torá de la sinagoga. Se les pidió a los padres del bebé que lavaran la tela antes de regresarla a la sinagoga.

Otra versión es que el mohel solía colocar un rollo de tela blanca (el *wimpel)* bajo la almohada en la que reposaba el bebé luego de su circuncisión.

Después de la ceremonia, el *wimpel* era pintado o bordado. Tenía el nombre del niño, fecha de nacimiento y la bendición hebrea *"así como cumplió (el pacto de) la circuncisión, que también cumpla con (el pacto de) la Torá, el matrimonio y las buenas acciones"*.

Algunas madres hacían la decoración ellas mismas, otras contrataban los servicios de 'profesionales del *wimpel*'.

Debido a que la Torá y la circuncisión se refieren a los pactos que el pueblo judío tiene con Dios, la tela usada en la circuncisión era considerada santa. Por lo tanto, se convirtió en una costumbre donar estos *wimpels* como *mappot* para la sinagoga.

En la actualidad, muchas sinagogas aún tienen una 'ceremonia del *wimpel*' cuando el niño cumple tres años (y se considera que ya puede ir al baño solo). Esta es también la edad en la que un niño religioso empieza a aprender la Torá. Con la ayuda de su padre, el niño enrolla el wimpel varias veces alrededor del rollo de la Torá y dobla los extremos de la tela en los pliegues. De manera simbólica, el niño envuelve sus responsabilidades individuales (ante Dios y Sus mandamientos) alrededor de sus responsabilidades comunales.

Después del servicio, todos son invitados a unirse a la familia para un *kidush** y una pequeña fiesta. La ocasión jubilosa tiene como finalidad inculcar en el niño el amor y el entusiasmo por el *shul* (la sinagoga) y el judaísmo.

Foto: Mercy Gaynoor

En Alemania, cuando un niño judío deja de usar pañales es llevado a la sinagoga. Cuando los hombres cargan la Torá debajo del *ezrat nashim** (el lugar donde las mujeres se sientan en la sinagoga, usualmente el balcón) la madre arroja el *wimpel* sobre la Torá. El *wimpel* dedicado simboliza el hecho de que el niño ahora es 'puro' y apto para formar parte del servicio y aprender la Torá.

A menudo, la sinagoga recibe muchos más wimpels que rollos de la Torá. Estos son entonces guardados en un cajón en el *Arca**. Es costumbre colocar el wimpel del niño sobre la Torá durante su *Bar Mitzvah*, el *Aufruf* y otros eventos familiares importantes. Algunos *wimpels* son incluso usados como estandartes decorativos en la *chupá* del novio.

En muchas sinagogas del mundo, la 'ceremonia del *wimpel*' continúa siendo una parte integrada y jubilosa de los eventos del ciclo de vida de los judíos.

Un wimpel es creado a partir de la tela usada en el *Brit milá*. Después de haber sido lavada, la tela es cortada en bandas y cosida formando una faja de seis o siete pulgadas de ancho y diez o doce pies de largo. Los *wimpels* antiguos (y modernos) están adornados con imágenes coloridas tales como animales, aves, signos astrológicos y escenas como una novia y un novio bajo la *chupá* y el *Sefer Torá*.

CAPÍTULO 31

Bar Mitzvah y Bat Mitzvah

El *Bar y Bat Mitzvah* son rituales judíos de mayoría de edad.

*Bar (*en arameo) o *Ben* (en hebreo) significan 'hijo'. *Bat* significa chica. *Mitzvah* es un mandamiento y una ley. Según la Ley Judía, a los trece años de edad, un niño judío se vuelve responsable de sus propias acciones. Consecuentemente, se convierte en un *Bar Mitzvah* (en plural: *B'nai Mitzvah). Para las chicas, la edad es doce años. Las edades fueron seleccionadas por coincidir aproximadamente con la pubertad.

En los tiempos antiguos, la pubertad era definida como la aparición de dos vellos púbicos (*simanim*, 'señales'). La pubertad en las mujeres empieza más temprano que en los hombres.

Los estudiosos creen que la observación ceremonial del *Bar Mitzvah* se originó en la Edad Media.

Según el rabino Eleazar: "*hasta los trece años es deber del padre entrenar a su hijo, después de esto debe decir: '¡Bendito sea el que me ha quitado la responsabilidad (el castigo) de este niño!'*".

Los hombres jóvenes que han alcanzado la edad de *bar mitzvah* pueden ser contados para un *minyan**. También pueden guiar una oración y otros servicios religiosos en la familia y su comunidad.

Muchas sinagogas requieren que los niños, antes de su *bar mitzvah*, asistan a un número mínimo de servicios de oración del Shabat en la sinagoga, se unan a una obra de caridad o participen en un proyecto comunitario.

CHICA

Entre los 3 -12 años se llama *Ketanah* (menor)
De los 12-12$^{1/2}$ años se llama *Na'arah* (mujer joven)
Después de los 12$^{1/2}$ años se convierte en *Bogeret* (adulta)

CHICO

3-13 + 1 día: **Katan** (menor)
13 + 2 días: se convierte en **Gadol** (adulto)

En el primer Shabat de su decimotercer año de vida, el niño judío es llamado para leer la porción semanal de la Ley (los Cinco Libros de Moisés). En las sinagogas no ortodoxas, las chicas también pueden ser llamadas.

Las festividades de *B'nai Mitzvah* incluyen típicamente una comida festiva con la familia, amigos y miembros de la comunidad. Otros llevan a sus hijos a un viaje especial u organizan un evento especial en honor al homenajeado.

En la actualidad, la mayoría de los judíos no ortodoxos celebran el *Bat Mitzvah* de la misma manera que se celebra el *Bar Mitzvah* de un niño. El evento se  realiza con gran estilo, incluyendo una comida festiva y muchos invitados. La chica que está en su *Bat Mitzvah* da un discurso, recibe regalos y una bendición del maestro o rabino.

Los regalos tradicionales en los *bar/bat mitzvah* son libros con valor educativo o religioso y artículos religiosos. Recientemente, regalos en efectivo de cantidades múltiplo de dieciocho se han convertido en la norma (dieciocho es el número equivalente a la palabra hebrea *'chai'*, que significa 'vida'). Por lo general, el bar mitzvah recibe su primer talit* (chal de oración) de sus padres, para ser usado en la ocasión. Las familias ortodoxas le compran a su hijo un *tefilin**. Las joyas son un regalo común para una chica en su *Bat Mitzvah*. Debido a que es el honor y el deber de la mujer encender las velas del Shabat, una *Bat Mitzvah* religiosa usualmente recibe un par de candelabros.

Más del cuarenta por ciento de las familias judías de Israel y muchas de la diáspora, prefieren celebrar el *Bar Mitzvah* de su hijo en el Kotel de Jerusalén (Muro de los Lamentos). Estas celebraciones son realizadas generalmente los lunes y jueves por la mañana y pueden ser observadas desde la Plaza del Muro de los Lamentos. Los *Bar Mitzvah* son raramente celebrados en un Shabat, ya que en esos días está totalmente prohibido tomar fotos o grabar.

En el Kotel de Jerusalén, puede ocurrir que los jóvenes de trece años celebren su *bar mitzvah* junto a hombres de setenta y hasta ochenta años. Son personas que no pudieron realizar su bar mitzvah en los tiempos del Holocausto, pero siempre desearon cumplir su sueño algún día. En el año 2012, veinte sobrevivientes de Shoah, provenientes de Tel Aviv, celebraron su Bar Mitzvah como parte de la iniciativa de la Fundación del Patrimonio del Muro de los Lamentos.

Un sobreviviente del holocausto y su hijo, ambos celebrando su Bar Mitzvah.

NETILAT YADAIM – LA PURIFICACIÓN DE LAS MANOS

Netilat Yadaim ('Levantar [después de lavar ritualmente] las manos'), también conocido como *Maim Rishonim,* es el lavado de las manos con una copa.
Antes de comer cualquier pan con una comida, se hace esto con una bendición.

Una bendición no se dice después de tocar objetos que representen impureza espiritual (tales como las partes íntimas de la persona, zapatos de cuero, un animal o insecto no limpio o después de visitar un cementerio).
El *Halachá* (la Ley Judía) requiere que el agua usada para el ritual de purificación sea naturalmente pura, sin uso, que no contenga otras sustancias y que no sea decolorada.

El agua también debe ser vertida desde una vasija, como un acto humano, basándose en las referencias de la Biblia sobre esta práctica (por ejemplo, Elisha echando agua sobre las manos de Elías). El agua debe ser vertida por lo menos dos veces sobre cada mano.

CAPÍTULO 32

CEREMONIA DE JURAMENTO DE LAS FUERZAS DE DEFENSA DE ISRAEL EN EL KOTEL

Las Fuerzas de Defensa de Israel son un ejército del pueblo. El servicio militar es obligatorio para los hombres y mujeres judíos mayores de 18 años. Los hombres Beduinos y Drusos también pueden enlistarse. Se pueden hacer excepciones con bases religiosas, físicas y psicológicas pero la mayoría de los jóvenes judíos quieren servir en el ejército. Los hombres sirven durante tres años y las mujeres durante dos años.

Luego de alistarse, todos los soldados empiezan un curso básico de entrenamiento. A lo largo de este riguroso proceso de 'integración', se convierten en soldados en vez de ciudadanos. La ceremonia de juramento ocurre por lo general después de acabar el curso básico de entrenamiento.

Aunque muchas bases de las fuerzas armadas tienen sus propias ceremonias, las que se realizan en el Kotel son sumamente especiales. Ese día, soldados, personal de seguridad extra y familiares llenan el lugar desde tempranas horas de la mañana hasta que cae la noche.

Al final de la tarde, los soldados empiezan a alinearse de acuerdo a sus unidades mientras que los emocionados familiares, luchando por un lugar que tenga buena vista, son mantenidos fuera del área acordonada.

Con la emoción en jaque, los soldados esperan atentos, listos para jurar su lealtad a las Fuerzas de Defensa de Israel y al Estado de Israel. Se realizan varios discursos de oficiales de alto rango y de un rabino de las fuerzas armadas y se cantan varias canciones. Durante la ocasión, un Coronel se dirige a la muchedumbre diciendo: *"Hoy juramos nuestra lealtad para defender nuestra patria y operamos con este compromiso. No hay lugar más apropiado para jurar nuestra lealtad que el Kotel, un lugar que combina lo antiguo con lo moderno y expresa la profundidad de nuestra conexión con nuestra patria."*

Estar de pie frente al Muro de los Lamentos con los soldados, sus familias y las banderas israelíes, le pone la piel de gallina a muchos visitantes. El momento cumbre de la ceremonia empieza cuando el coronel lee en voz alta: *"Juro cumplir con las expectativas de mi país y de las fuerzas armadas. Juro entregarme sin condiciones a la protección del Estado de Israel. Juro ser el mejor soldado posible."*

En respuesta, una compañía tras otra gritan a toda voz: *"Ani nishbah!"* (¡Lo juro!).

Toma un lapso considerable de tiempo que cada soldado vaya hasta su comandante para recibir un arma personal y una Torá o Biblia.

La ceremonia termina con el canto del *Hatikvah* (la esperanza) - el Himno Nacional.

Los familiares, que han viajado a Jerusalén de todas partes del país, finalmente pueden abrazar a su soldado.

LA HISTORIA DEL *HATIKVAH*

Rishon le Zion (Primero a Sion) fue establecido en 1882, con la ayuda de Edmond de Rothschild. El nombre del nuevo asentamiento había sido inspirado en una frase de Isaías 42:27: *"los primeros dirán a Zion…"*. En honor al establecimiento, el escritor de origen rumano Naphtali Herz Imber escribió un poema llamado *'Hatikvah'* - La Esperanza. Samuel Cohen, uno de los granjeros, le colocó música.

El 1º de septiembre de 1939, al principio de la Segunda Guerra Mundial, un barco que llevaba inmigrantes ilegales encalló en la costa de Tel Aviv. Al ver el brillo de las luces de búsqueda británicas, los mil cuatrocientos refugiados a bordo del barco de carga empezaron a cantar el *'Hatikvah'*:

"Mientras profundo en el corazón, el alma del judío añora,
y hacia el Este un ojo mira a Sion,
nuestra esperanza aún no está perdida, la esperanza de la edad vieja,
de regresar a la tierra de nuestros padres,
a la ciudad donde David vivió."

Estos supuestamente 'ilegales', que escapaban de los nazis, fueron internados por los británicos en el centro reclusorio de Sarafand, al noreste de lo que hoy en día es Ramla.

Durante la Segunda Guerra Mundial, los británicos continuaron haciendo todo lo posible para evitar que los desesperados refugiados entraran al Mandato de Palestina. Especialmente durante ese tiempo, el Hatikvah' se convirtió en algo simbólico de la añoranza del pueblo judío por su eterna Tierra Prometida - Sion.

El *Hatikvah'* se convirtió oficialmente en el Himno Nacional durante la ceremonia de inauguración del Estado de Israel, el 14 de mayo de 1948.

Una segunda estrofa fue agregada:
"Nuestra esperanza no se ha perdido,
la esperanza de dos mil años,
de ser un pueblo libre en nuestra tierra de Sion y Jerusalén."

Hoy en día el *Hatikvah* es cantado con fervor y su melodía y palabras continúan moviendo las emociones de los sionistas judíos y cristianos.

APÉNDICES

DÍAS DE AYUNO JUDÍOS - RESÚMEN

FECHA	NOMBRE	RAZÓN	CÓMO ES CUMPLIDO
3 de *Tishri*	Ayuno de Guedaliá	Conmemoración del Asesinato de Guedaliá (2 Reyes 25:25)	Desde el anochecer hasta el amanecer
10 de *Tishri*	Día de la Expiación	Expiación por sus pecados (Levítico 26-32, etc.)	Desde el amanecer hasta el amanecer
10 de *Tevet*	*Asarah be-Tevet*	Nabucodonosor sitia Jerusalén (2 Reyes 25:1)	Desde el anochecer hasta el amanecer
13 de *Adar*	Ayuno de Ester	Tradicionalmente conectado con el día de ayuno decretado por Ester (Ester 4:16)	Desde el anochecer hasta el amanecer
14 de *Nisan*	Ayuno del Primogénito	Conmemora la última de las diez plagas (Éxodo 12:29)	Desde el anochecer hasta el amanecer
17 de *Tamuz*	*Shiva Asar be-Tamuz*	Asociado con las rupturas de los muros de Jerusalén por parte de Nabucodonosor (Jeremías 39:2)	Desde el anochecer hasta el amanecer
9 de *Av*	*Tisha be-Av*	Asociado con la Destrucción del Templo (2 Reyes 25:8-9)	Desde el amanecer hasta el amanecer

EXPRESIONES JUDÍAS

"*Ad Meah ve'esrim*" – '¡Que vivas hasta los 120 años!' (porque Moisés vivió hasta los 120).

"*Be ezrat haShem!*" - literalmente '¡Con la ayuda del nombre (de Dios)!' o '¡Dios quiera!'.   ב"ה   *B"H*

"*Besiyata Dishmaya*" (en arameo) – '¡Con la ayuda del cielo!'.   בס"ד   *BS"D*   Aunque el acrónimo no es mencionado en la Halachá, es ampliamente usado en la parte superior de documentos escritos. Nos recuerda que todo proviene de Dios y que sin la ayuda de Dios no podemos hacer nada de valor eterno.

BIKUR JOLIM - Visitar a los enfermos

Un mandamiento fundamental en la tradición judía es visitar y confortar a los enfermos y atender sus necesidades. Según el Talmud visitar a una persona enferma elimina 1/60 de su enfermedad, mientras que no hacerlo puede llevar a esa persona enferma a la muerte. El rabino Eleazar el Grande escribió: *"Hijo mío, presta mucha atención al visitar a los enfermos, porque el que los visita disminuye su enfermedad. Suplícale por su regreso a su creador, y ora por él y luego puedes irte. Que tu presencia no sea una carga ya que suficiente carga tiene con su enfermedad. Cuando visites a una persona enferma entra con alegría porque sus ojos y corazón están dirigidos a aquellos que entran a visitarlo."*

GLOSARIO

ADAR – es el sexto mes del año civil y el decimosegundo mes del año eclesiástico en el calendario hebreo.

ALIYAH - (Lit. Subir) es un momento durante el servicio en la sinagoga, a un hombre se le honra permitiéndosele subir a la *bimá* a recitar una bendición sobre la *Torá*. *Aliyah* también es la palabra que describe el regreso del pueblo judío, que salió del exilio en la diáspora y volvió a la tierra de Israel. La palabra se deriva del verbo 'la'alot' – 'subir' o 'ascender' - en un sentido espiritual positivo. Una persona que hace *Aliyah* es llamada 'Oleh', lo cual significa 'el que sube'. La acción contraria, emigración desde Israel, se llama yerida – 'descenso'.

ANINUT – es la primera etapa del duelo, cuando alguien está desconcertado y desorientado.

ARBA MINIM – 'Las cuatro especies' que son agitadas en el aire durante el *Sucot*.

ARCA (*Torá*) - en la sinagoga. *Aron Kodesh* según los Asquenazi; *Hekhál* según la mayoría de los sefardíes. A menudo se trata de un closet ornamental que contiene los pergaminos de la *Torá*.

ASQUENAZI (M) - descendientes judíos de las comunidades medievales que se establecieron a lo largo del río Rin en Alemania, desde Alsacia (en el sur) hasta Renania (en el norte).

AUFRUF – (en Yiddish 'llamar'), es la costumbre de llamar a un novio para una *aliyah*. Los Asquenazi llevan a cabo la ceremonia durante el *Shabat* anterior a la boda, mientras que los sefardíes lo hacen en el *Shabat* después de la boda.

AV – el décimo primer mes del año civil y el quinto mes del año eclesiástico en el calendario hebreo. El nombre tiene origen babilónico y apareció en el Talmud cerca del siglo III. Este es el único mes que no es nombrado en la Biblia. Av por lo general ocurre entre Julio y Agosto.

AVELUT – es la etapa de duelo después del funeral. Un año para los familiares directos y 30 días para la familia de segundo orden.

AVODAH - ('servicio' y 'alabanza'). Durante los tiempos del Templo se describía como la orden de servicio del alto sacerdote durante el *Yom Kipur*. En hebreo moderno, *avodah* significa trabajo. Trabajo es servicio y alabanza.

AYUNO y DÍAS DE AYUNO - en la tradición judía representan una disciplina religiosa que consiste en la abstención de comida, líquido y placeres físicos con el propósito de intensificar la experiencia espiritual en la expiación por los pecados. El ayuno ocurre cuando se conmemoran tragedias nacionales o como parte de una petición personal hacia Dios, buscando Su ayuda.

BASHERT – en Yiddish 'destino'. Se usa en el contexto de esposo, esposa o pareja divinamente predestinada.

BASHOW - (sentarse). El futuro novio y sus padres visitan a la joven en su casa para ver si la posible pareja es compatible.

BAR/BAT MITZVAH – son las ceremonias de cumplimiento de mayoría de edad, las chicas a la edad de 12 y los chicos a los 13 años.

BAIT KEVAROT (*BAIT OLAM*) - cementerio judío.

BAYIT MIDRASH – es un salón de estudio en la sinagoga o *yeshiva*.

BIKUR JOLIM - (visitar a los enfermos) es un mandamiento mayor en la tradición judia, visitar y darle consuelo a los enfermos además de atender sus necesidades.

BIMÁ o Tebá (para los Sefardíes) – es el área elevada o plataforma en la sinagoga; lugar donde la persona que esté leyendo en voz alta la *Torá* se mantiene de pie durante el servicio de la misma.

BIRKAT HaMAZON (La gracia después de las comidas, Benshen en Yiddish) – se recita al final de una comida festiva para agradecer a Dios por la comida y el sustento que se ha disfrutado.

CÁBALA - es una antigua tradición judía que implica una interpretación mística de la Biblia, inicialmente transmitida de manera oral y usando métodos esotéricos.

CHUPÁ - (Lit. 'toldo' o 'cubierta') es un toldo bajo el cual la novia y el novio se mantienen de pie durante la ceremonia de boda. Consiste en una tela o sábana (a veces un talit), el cual es estirado y atado en cuatro mástiles. Algunas veces los amigos del novio sostienen los mástiles. Una chupá simboliza el hogar que la pareja construirá juntos.

COHEN – es un descendiente masculino de Aarón, el hermano de Moisés. Ser un *Cohen* está asociado a ciertos privilegios y obligaciones religiosas.

DAVENEN (davnen) – es la palabra en Yiddish para 'orar', se usa muy comúnmente entre los Asquenazis.

DIASPORA (palabra griega que significa 'diseminación ', 'dispersión') – es el movimiento, migración o dispersión de un pueblo lejos de su patria establecida y ancestral. La palabra se usa para referirse a diseminaciones en masa de personas con raíces comunes, particularmente movimientos de pueblos involuntarios, como por ejemplo la expulsión de los judíos del Medio Oriente. Aunque el pueblo judío a menudo se ha encontrado en una situación de separación respecto a su territorio nacional, siempre mantuvieron la esperanza de regresar a su patria. En este libro, 'diáspora' se refiere a los judíos viviendo fuera de Eretz Israel.

DÍAS SANTOS ALTOS - (Yamim Noraim – 'Días de Reverencia') son el Rosh Hashaná (Año Nuevo Judío) y el Yom Kipur.

DREIDEL - véase **SEVIVON**

EL PERÍODO DEL SEGUNDO TEMPLO - La historia judía en Judea duró desde el año 530 A.E.C. hasta el año 70 E.C., cuando el Segundo Templo de Jerusalén fue destruido por los romanos.

ELUL - es el décimo segundo mes del año civil judío y el sexto mes del año eclesiástico en el calendario hebreo. Usualmente entre agosto - septiembre.

ERETZ ISRAEL – es el nombre para el territorio que abarca el Levante del Sur (Canaán); la Judea Romana fue llamada Palestina; también llamada la Tierra Prometida [por la promesa Bíblica de tierra que Dios le hizo a Abraham y sus descendientes]. Algunas veces también es llamada la Tierra Santa.

ERUDITO - se refiere a un sabio, anciano, maestro espiritual, líder religioso, a menudo una figura paternal.

EZRAT NASHIM – es el área de oración separada para las mujeres. El *ezrat nashim* original estaba localizado en el sector Este de la corte del Segundo Templo.

EL PERÍODO DEL PRIMER TEMPLO – se refiere al periodo entre los años 1006-586 A.E.C. (Antes de la Era Común).

FESTIVALES y YOM TOV'S – 'Yom Tov' significa literalmente 'un buen día'. La ley bíblica ordena siete días de festivales en los cuales se prohíbe el trabajo - *Rosh Hashaná, Yom Kipur, Sucot, Shemini Atseret*, el primer y el último día de *Pesach* y el *Shavuot*.

FESTIVALES DE PEREGRINACIÓN - también conocidos como los *Shalosh Regalim* (שלוש רגלים,) son los tres festivales más importantes del judaísmo — *Pesach* (Pascua), *Shavuot* (Semanas), y *Sucot* (Fiesta de los Tabernáculos).

GALUT - (Golus). Literalmente 'exilio'. Se refiere a los (cuatro) exilios del pueblo judío desde la tierra de Israel.

GARTEL - (en Yiddish, 'cinturón'; del alemán, 'Gürtel'), es un cinturón usado por los hasídicos durante sus oraciones.

GEMARAH - (Gemorah) significa 'completar', es una parte del Talmud. Los términos *Gemarah* y Talmud usualmente se refieren a las versíones babilónicas.

GENIZÁ – es un cuarto de almacenamiento para los manuscritos santos y libros desgastados así como para objetos rituales como los *tefilin* o *mezuzot*. Según la Ley Judía, estos objetos no pueden ser descartados como basura sino que deben desecharse de manera reverencial. Esto significa por lo general enterrar los objetos en el cementerio judío local. Hasta que esto se realice, muchas sinagogas tienen un cofre o habitación que usan como *genizá*, que literalmente significa 'almacenamiento'.

HACHEL – es una costumbre basada en la práctica obligatoria de reunir todos los hombres, mujeres y niños judíos para escuchar la lectura de la Torá realizada por el Rey de Israel una vez cada siete años.

HAFDALAH – es la ceremonia que marca el final del *Shabat* y las celebraciones, esto da lugar al inicio de la nueva semana.

HAFTARÁ - (Lit. 'conclusión'). Una lectura de Profetas, se lee junto con la porción semanal de la *Torá*.

HAGADDAH -. Es el texto judío que marca la orden del inicio de la Pascua. Leer la *hagaddah* en la mesa de *Seder* representa el cumplimiento de un mandamiento para cada judío de 'contarle a su hijo' sobre la liberación de la esclavitud en Egipto (Éxodo 13:8).

HAKAFFOT - (Lit. 'andar en círculos') es la procesión de danza hecha siete veces con los pergaminos de la *Torá* en la festividad de *Simchat Torá.*

HALACHA – es la ley y jurisprudencia judía basada en el Talmud.

HALLEL – es una porción del servicio para ciertas festividades judías (Salmos 113–118).

HAMSA - es un amuleto en forma de mano, popular a lo largo de Medio Oriente y el norte de África, comúnmente usado en joyería y tapices. La mano derecha abierta se usa como un signo de protección, se cree que es una protección contra el mal de ojo. También se conoce como la mano de Fátima (la hija de Mahoma).

HANUKKAH – es una festividad judía de ocho días que conmemora la rededicación del Segundo Templo en Jerusalén, en el tiempo de la revuelta de los macabeos, durante el siglo II A.E.C. La Hanukkah se celebra por ocho noches y días, empezando el día 25 de Kislev (puede ocurrir entre finales de noviembre y finales de diciembre en el calendario gregoriano).

HANUKIÁ - es un candelabro con ocho soportes y um noveno soporte elevado, que se enciende durante la celebración de Hannukah.

HASIDISMO (Hasidismo; Judíos Ultra-Ortodoxos) – una dinastía hasidica por lo general toma su nombre del pueblo en el este de Europa donde está radicada. Se pueden encontrar muchos grupos diversos, los cuales siguen a 'su' rabino. Esta corriente del judaísmo exige que cada Hasid participe personalmente de la difusión de la Torá y el judaísmo en los alrededores de la persona y busque el beneficio de los demás judíos.

HAZAN – es un cantante judío, un músico entrenado en las artes vocales que lidera a la congregación en oraciones cantadas.

HAZKARA - es el último servicio de conmemoración luego de los primeros 12 meses de luto.

HESHVAN – (Lit. 'octavo mês'), es el segundo mes en el año civil judío (el cual empieza el 1º de Tishrei) y el octavo mes en el año eclesiástico (el cual empieza el 1º de Nisan) en el calendario hebreo.

HEFKER - es cualquier fruta que crece de manera silvestre y puede ser recogida por cualquier persona que desee.

HECHAL - es el arca en la cual se guardan los pergaminos de la *Torá*.

HOSHANÁ RABÁ - es el séptimo día de la festividad judía de *Sucot*, el vigésimo primer día de Tishrei.

ISRU JAG - (lit. 'Atar el Festival') es el día después de *Pesach*, *Shavuot* y *Sucot*.

IYAR - es el octavo mes del año civil, el segundo mes del año eclesiástico. Usualmente está entre abril y mayo.

JALA - Es un tipo especial de pan trenzado judío que se come durante el Shabat y em días festivos.

JAMETZ - es cualquier producto hecho de trigo, cebada, centeno, avena, espelta o sus derivados, que se hayan leudado o fermentado. Su consumo está prohibido durante los siete días de la festividad de

JATAN – novio.

JATAN BERESHIT – novio de Génesis, el hombre que se llama para que recite o cante las bendiciones sobre la primera sección de la *Torá*, durante el *Simchat Torá*.

JATAN TORÁ – es el hombre que se llama para que recite o cante las bendiciones sobre la sección final de la *Torá*, durante el *Simchat Torá*.

JEVRA KADISHA – es la sociedad fúnebre judía.

JOL HAMOED – (Lit. 'día de la semana'; 'mundano'), son los días intermedios entre *Pesach* y *Sucot*.

KABALAT PANIM - (lit. 'Saludo de las caras') es la recepción inicial en una boda.

KABALAT SHABAT - (lit. 'Recibir el *Shabat*'), es un ritual místico diseñado para recibir el *Shabat*.

KADDISH - (lit. 'santificación') es una oración aramea para alabar a Dios. Una oración en la sinagoga y recitada por las personas en luto.

KALLAH - novia judía.

KETUBAH – es un contrato de matrimonio que se firma antes de una boda judía.

KERIAH – es la práctica de rasgar o cortar una prenda de vestir o vestir de manera simbólica un lazo cortado de color negro sobre el corazón, como señal de luto.

KETUVIM - (las Escrituras) se refiere a Los Libros Poéticos: Salmos, Proverbios, Job; Los Cinco Megillot: Cantar de Cantares, Rut, Lamentaciones, Eclesiastés, Ester; Otros: Daniel, Ezra - Nehemías, Crónicas.

KEVURAH - entierro judío.

KIDUSH - (lit. santificación) es una bendición que se recita sobre el vino (o jugo de uvas) para santificar el *Shabat*, festividades judías o eventos especiales.

KIDUSH LEVANÁ - es la santificación de la luna nueva (*Rosh Jodesh*).

KISLEV - es el tercer mes del año civil y el noveno del año religioso. Usualmente está entre noviembre y diciembre.

KITEL (Yiddish) - es una túnica blanca usada por los asquenazi en ocasiones especiales (*Yom Kipur*, *Rosh haShaná* y durante el *Seder* de la Pascua). Los hombres usan el *kitel* el día de su boda y también sirve como sudario fúnebre para hombres. Ya que Isaías 1:18 dice que "sus pecados como la nieve serán emblanquecidos", un *kitel* siempre es de color blanco.

KOL NIDREI - se refiere a la oración de inicio y el nombre del servicio de la tarde en que empieza el *Yom Kipur*.

KOSHER/ KASHER - quiere decir adecuado o permitido; se usa este término en el contexto de la comida que puede ser consumida según la Ley Tradicional Judía. El cerdo se ha convertido en el ejemplo más notable de lo que representa un animal no *kosher*.

LAG BAOMER - es el trigésimo tercer día en el período de 'contar el omer' ('Lag' = 33), correspondiente al día 18 de Iyar.

LEY ORAL – es un comentario legal de la *Torá* (Ley Escrita) la cual explica cómo se deben cumplir los mandamientos.

LULAV - son las cuatro especies juntas (*Sucot*).

MACHZOR - es el libro de oraciones usado por los judíos durante las Festividades Altas de *Rosh Hashaná* y *Yom Kipur*.

MAFTIR - es la última persona que se llama a leer la *Torá* durante el *Shabat* y las mañanas de los días festivos: esta persona también lee la porción de la *haftará*.

MAPPAH - véase 'wimpel'.

MANDAMIENTOS (613) – los judíos religiosos deben cumplirlos. De los 613, 365 son negativos (prohibiciones), correspondientes a los días del año solar, y los 248 positivos (deberes que deben ser cumplidos) están vinculados a la cantidad de extremidades en el cuerpo humano.

MATSAH - es pan sin levadura consumido tradicionalmente por los judíos durante la celebración de una semana llamada *Pesach*.

MENORÁ - es un candelabro con siete brazos usado en el antiguo Tabernáculo del desierto y en el Templo de Jerusalén.

MEZUZÁ - es un pergamino inscrito con textos religiosos colocado en el umbral de la puerta de un hogar judío como señal de fe.

MIKVEH (Mikvah) - es un baño usado con el propósito de inmersión ritual. Lit. 'una colección de agua'.

MA'ARIV – son las oraciones de la tarde/ noche.

MECHITZA - (Halachic) es la partición, usada para separar a los hombres de las mujeres.

MEGILLAH - es uno de los cinco libros de las escrituras hebreas (Cantar de los Cantares, Rut, Lamentaciones, Eclesiastés y Ester).

MIDRASH – es un método de exégesis de un texto bíblico, pero también puede ser una compilación de enseñanzas y comentarios en el Tenach.

MIKVÁ/MIKVÉ - baño ritual.

MINCHÁ – son las oraciones de la tarde.

MINYAN - (lit. 'contar', 'número') es el quorum de diez hombres judíos que se requiere para los servicios de oración.

MISHLOAJ MANOT - es una cesta de obsequios que contiene dulces y vino que se da durante el *Purim*.

MISHNÁ - es la palabra hebrea que significa 'repetir' y se refiere a la memorización por repetición. *Mishná* se puede referir a la tradición de la *Torá Oral*, la cual comenzó durante los primeros siglos de la Era Común.

MITZVAH – es un deber (bueno) cumplido de manera religiosa, o un precepto o mandamiento de la Ley Judía.

MOHEL – es una persona judía entrenada en la práctica del *Brit Milá* (circuncisión).

MUSAF – es un servicio adicional que se recita durante el *Shabat*, *Yom Tov*, *Jol Hamoed* y el *Rosh Jodesh*.

NE'ILAH – es el último de los cinco servicios que se dan durante el Día de Expiación.

NER ZIKARON - es una vela memorial que permanece encendida por 24 horas.

NEVI'IM - los libros de la biblia (Antiguo Testamento): Josué, Jueces, Samuel, Reyes, Isaías, Jeremías, Ezequiel; Oseas, Joel, Amos, Jonás, Abdías, Miqueas, Nahúm, Habacuc, Sofonías, Ageo, Zacarías, Malaquías.

NIDDAH – es una mujer que se encuentra menstruando o ha menstruado y aún se percibe como 'impura', hasta que haya ido al *mikveh*.

NISAN – es el séptimo mes del año civil y el primero del religioso, usualmente entre marzo y abril.

OMER - es una antigua unidad de medida seca, representa la décima parte de un ephah o manojo de maíz o un omer de grano, que se presenta como ofrenda el segundo día de la Pascua.

ORTODOXO - es un judío que practica de manera estricta la ley mosaica.

PURIM – es un festival judío menor que se lleva a cabo durante la primavera (en el día 14 o 15 de Adar).

RASHAN - es una matraca que se usa para hacer ruido en la sinagoga cada vez que se lee el nombre 'Haman'.

RABBI – es un estudioso judío o maestro, especialmente uno que estudia o enseña la Ley Judía, o una persona que ha sido nombrada como líder religioso judío.

REFORMISTA – es un judío liberal que trata de adaptar todos los aspectos del judaísmo a la vida moderna.

ROSH HASHANÁ – es el año nuevo judío. Ocurre una vez al año durante el mes de Tishrei y diez días antes del *Yom Kipur*.

ROSH JODESH – es el principio de cada mes en el calendario judío, marcado por una liturgia especial.

SANDAK – es un hombre honrado con la tarea de sostener el bebé durante la circuncisión.

SANEDRIN - (lit. 'sentarse juntos', por lo tanto 'asamblea' o 'consejo') en los tiempos bíblicos, una asamblea de veintitrés jueces nombrados en cada ciudad de la tierra de Israel. Actualmente, la corte principal de justicia y el consejo supremo en la antigua Jerusalén.

SEDER – es un servicio ritual judío y cena ceremonial para la primera noche o las primeras dos noches de la Pascua.

SEGULÁ – es una especie de talismán (así como la tira roja cabalística) para cuidarse de los infortunios del mal de ojo.

SEFER TORÁ – 'Libros de la *Torá*' o 'Pergaminos de la *Torá*', es una copia manuscrita de la *Torá* o del Pentateuco.

SEFARDÍ - es un término general para referirse a los judíos descendientes de los judíos españoles y portugueses que vivieron en la península ibérica antes de ser expulsados en 1492. También es un tipo de liturgia.

SEPTUAGINTA- (o 'LXX', o el 'Viejo Testamento Griego') es una traducción al griego de la biblia hebrea y algunos textos relacionados, la cual fue empezada a fines del siglo III A.E.C.

SEVIVON - Dreidel. Un juguete de la *Hanukkah*.

SHABAT HAGADOL - El *Shabat* antes de la *Pesach*.

SHACHARIT - es la oración matutina diária, *Tefilá*, del pueblo judíos; una de las tres veces del día en que hay oración.

SHADCHAN - casamentero. También significa grapadora en hebreo.

SHAMASH – es la novena vela en la Hanukkah, usada para encender las otras 8 velas.

SHAVUOT – es el festival de las semanas, es el segundo de los tres festivales principales com importancia histórica y agrícola (los otros dos son *Pesach* y *Sucot*).

SHECHITAH – es matar animales de manera *kosher*, realizado por un profesional llamado *shochet*. Con esta manera de matar, se trata de minimizar de todas las formas posibles el sufrimiento del animal.

SHEKINAH – es la gloria de la Divina Presencia, convencionalmente representada como luz.

SHEMA – es un texto hebreo que contiene tres pasajes del Pentateuco que comienzan con 'Escucha, Oh Israel, el Señor es nuestro Dios, el Señor es Uno'.

SHEMINI ATZERET – es el 'octavo día de asamblea'; se celebra el día 22 del mes hebreo de Tishrei.

SHMITÁ – es un año sabático.

SHEMIRAT NEGIAH - Halachá - contacto físico prohibido o restringido con alguien del sexo opuesto.

SEUDAT HAVRA'AH - es la primera comida que comen las personas que están en duelo cuando regresan del funeral; es la comida de recuperación y condolencia.

SHEVA BRACHOT (siete bendiciones) – son recitadas bajo la *chupá* y al final de la cena de la boda. También es el nombre de las siete invitaciones que los recién casados reciben para cenar con sus amigos.

SHEVAT – es el quinto mes del año civil y el décimo primer mes del año eclesiástico en el calendario hebreo. Usualmente entre enero y febrero.

SHIDDUCH – es una pareja que esta lista para casarse.

SHIVA – es el duelo de siete días después del funeral.

SHLOSHIM - es el fin del período de luto de 30 días.

SHOFAR – es un instrumento hecho del cuerno de un carnero u otro animal *kosher*. Se usaba en el antiguo Israel para anunciar el *Rosh Jodesh* (Luna Nueva) y reunir a las personas. También se tocaba durante el *Rosh Hashaná*, el Año Nuevo Judío. Conectado con el sacrificio de Isaac (Génesis 22), en el cual Abraham sacrifica un carnero en vez de su hijo, Isaac.

SHOMER – es un guardián legal judío, con el cargo de la custodia y cuido de otra persona.

SHULCHAN ARUCH - (lit. 'servir la mesa') también se conoce como el código de ley judío, el código legal con mayor autoridad en el judaísmo (sefardí). Compilado en Safed en el año 1563, fue publicado dos años después en Venecia, Italia.

SIDDUR – es un libro de oraciones judío que contiene un conjunto de oraciones diarias.

SIMCHAT TORÁ - marca la culminación del ciclo de lectura de la Torá y es una de las festividades con mayor júbilo del calendario judío.

SIVAN – es el tercero de los doce meses del calendario judío. El mes en que Dios descendió en el Monte Sinaí y le dio la *Torá* al pueblo judío.

SIYUM – es el fin de cualquier unidad de estudio de la *Torá*, del libro de *Mishnah* o del Talmud.

SUFGANIAH – son donas rellenas (con mermelada) que se comen durante *hanukkah*.

SUKÁ - es uma especie de pabellón o caseta que se usa durante la Fiesta de los Tabernáculos.

SUCOT – es la Fiesta de los Tabernáculos. Tercer festival de peregrinación.

TALIT – es un chal de oración judío, tradicionalmente hecho de lana, que se usa sobre la ropa de oración durante las oraciones matutinas. En cada una de sus cuatro esquinas hay atado un *tzitzit*, que son flecos atados de una manera especial.

TALIT KATAN – es una prenda interior con flecos que es usada por los judíos ortodoxos, hasídicos y algunos hombres judíos conservadores.

TALMUD – es un registro de las discusiones rabínicas con conexión a la Ley Judía, ética, costumbres e historia. Contiene dos partes: *Mishná* (data del año 200 E.C.) - la ley oral y *Guemará* (del año 500 E.C.) - para más discusiones se recurre al Tanaj.

TAMMUZ – es el cuarto mes del calendario judío.

TARGUM – es una paráfrasis o interpretación de la Biblia Hebrea escrita en arameo antiguo.

TASHLICH - es la ceremonia que se lleva a cabo el primer día del *Rosh Hashaná*. La gente, de manera simbólica, arroja sus pecados al agua de un lago, río o mar.

TENA'IM – son documentos de compromiso matrimonial, similares a un contrato de compromiso, com los cuales están de acuerdo y firman ambas partes.

TANAJ – es una abreviación de la *Torá*, *Nevi'im* (Profetas) y *Ketuvim* (Escrituras).

TEFILIN – son dos cajas negras pequeñas con tiras negras; se le requiere a los hombres judíos que coloquen una caja negra sobre su cabeza y la otra sobre el brazo.

TEVET – es el décimo mes contando desde el Nisan. El nombre fue adquirido en Babilonia.

TISHA BE'AV - es un día judío de luto - y de ayuno - que conmemora la destrucción de los dos Templos.

TISHRI - (o Tishrei) es el primer mes del año civil (el cual empieza el 1º de Tishrei) y el séptimo mes del año eclesiástico (el cual se inicia el 1º de Nisan).

TORÁ – son los cinco primeros libros del *Tanaj* (Biblia Hebrea) o el Antiguo Testamento.

TOSAFOT – son comentarios medievales concernientes al Talmud.

TOSEFTA - (lit. 'adiciones', 'suplementos') es una compilación de la ley oral judía del período de *Mishná*.

TZADIK – es un título dado a las personalidades que en la tradición judía son consideradas como justas.

TZEDAKÁ – es hacer obras de caridad, por lo general se ve como una obligación moral.

TZITZIT – son flecos rituales entrelazados de una manera especial y usados por los judíos religiosos. Están atados a las cuatro esquinas del *talit* (chal de oración) y el *talit katan*.

TZNIUT – es un comportamiento modesto entre hombres y mujeres que no tienen vínculos o relación.

TU BE'SHVAT – es una celebración judía menor que ocurre el día 15 del mes hebreo de Shevat.

UPSHERIN – es la ceremonia de corte de cabello de los niños de 3 años de edad durante el *Lag Ba'Omer*.

USHPEZIN - ('huéspedes' en arameo) son siete huéspedes místicos que visitan la *sucá* durante el *Sucot*: Abraham, Isaac, Jacob, José, Moisés, Aarón y David. Se convirtió en uma costumbre invitar a un estudiante *yeshiva* necesitado a sentarte como cabeza de mesa para actuar como representante del invitado upshezin de esa noche. Esta costumbre sigue siendo practicada por muchos judíos ultraortodoxos y judíos hasídicos.

WIMPEL – es una banda larga de lino que los judíos alemanes usaban como cubierta para la *Sefer Torá*. Estaba hecha de la tela que se usaba para envolver al niño durante su *Brit Milá*.

YAD – es un apuntador usado para seguir el texto en un pergamino de la *Torá*.

YAMIM NORA'IM – Son Los Días Santos Altos, Días de Reverencia; el período entre *Rosh Hashaná* y *Yom Kipur*.

YESHIVÁ - (lit. 'sentarse') es una institución educativa judía enfocada en el estudio tradicional de textos religiosos, principalmente el estudio del Talmud y la *Torá*.

YICHUD – es un ritual durante la boda en el cual la pareja recién casada pasa un período encerrada en un cuarto a solas. En la época del Talmud, el matrimonio era consumado en este tiempo, pero esta práctica no se sigue actualmente. El término también significa la inadmisibilidad de reclusión de un hombre y una mujer que no tienen una relación en un lugar privado.

YOM KIPUR – es el Día de Expiación, el día más santo y solemne para los judíos. Los temas centrales son la expiación y el arrepentimiento.

YOM TOV - (Lit. 'buen día') es una festividad o festival judío. Se refiere a uno o varios días durante los cuales los judíos religiosos conmemoran un evento santo o secular importante.

YOVEL – es el año de jubileo, el año al final del ciclo de siete años sabáticos (*Shmitá*).

La Palabra de Dios habla claramente: para ser bendecido, se tiene que bendecir primero. *"Bendiciendo Jerusalén todo el año"* es un libro que tiene el propósito de bendecir la capital de Israel – Jerusalén, de una manera práctica y sencilla. No utilizando nuestras propias palabras más proclamando versículos de la Biblia tomados de diferentes versiones.

Aún cuando usted no pueda subir a Jerusalén en persona, usted puede utilizar este libro para orar y bendecir la Ciudad del Gran Rey sin salir de casa. Cada año durante el Pesaj (Pascua), los judíos se dicen los unos a los otros: *"LaShana haba'ah, beYerushalayim"* - ¡El próximo año será en Jerusalén! ¡Que el Señor le bendiga desde Sión! Y, ¿quién sabe? ¡El próximo año nos veremos en Jerusalén!

http://www.lulu.com/shop/petra-van-der-zande/bendiciendo-jerusal%C3%A9n-todo-el-a%C3%B1o/paperback/product-21400430.html

"Los plantaré en su tierra,

y no serán arrancados

jamás de la tierra

que les he dado,

dice el SEÑOR tu Dios."

Amos 9:15.

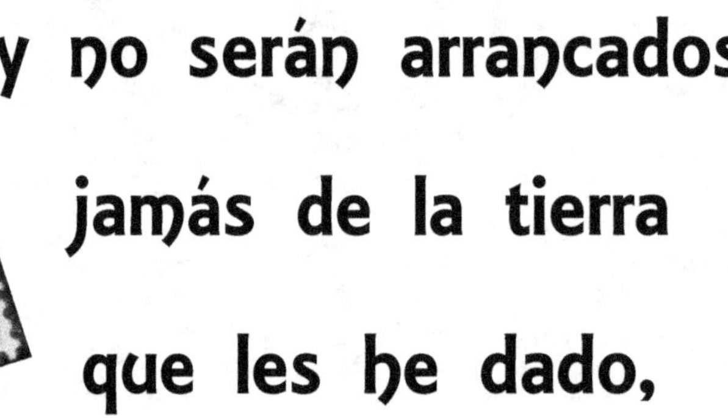

Tel Aviv .

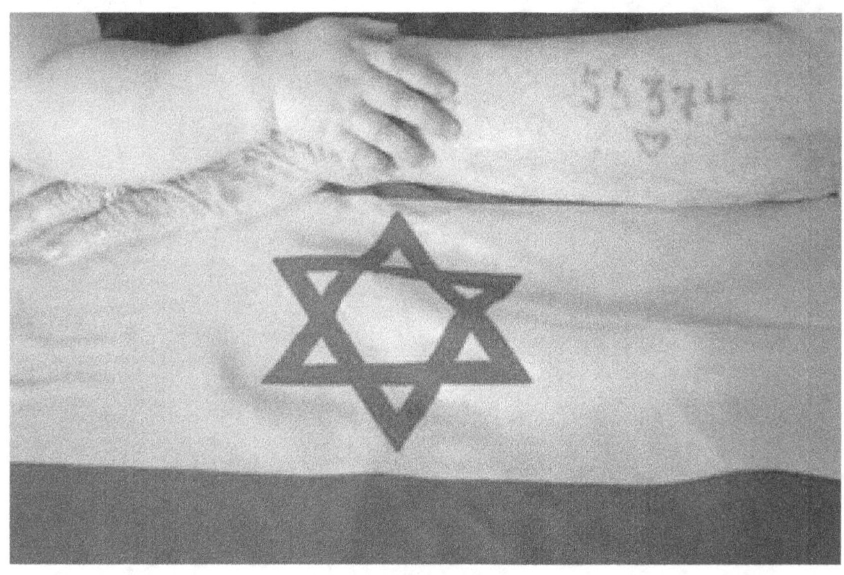

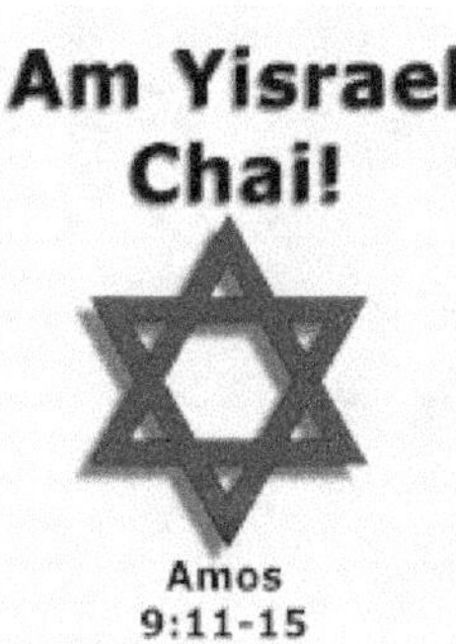

Am Yisrael
Chai!
Amos
9:11-15

www.ingramcontent.com/pod-product-compliance
Lightning Source LLC
Chambersburg PA
CBHW081255130726
47998CB00010B/2812